U0820064

以人为本

矿产资源开发与农牧民利益保障

张　舰◎著

中国市场出版社
China Market Press
•北　京•

图书在版编目（CIP）数据

以人为本: 矿产资源开发与农牧民利益保障 / 张舰著. —北京 : 中国市场出版社有限公司，2022.10
ISBN 978-7-5092-2165-5

Ⅰ. ①以… Ⅱ. ①张… Ⅲ. ①矿产资源开发—农民—补偿性财政政策—研究—中国②矿产资源开发—牧民—补偿性财政政策—研究—中国 Ⅳ. ①F426.1

中国版本图书馆CIP数据核字（2021）第234515号

以人为本: 矿产资源开发与农牧民利益保障

YIREN WEIBEN: KUANGCHAN ZIYUAN KAIFA YU NONGMUMIN LIYI BAOZHANG

著　　者: 张　舰
责任编辑: 晋璧东（874911015@qq.com）
出版发行: 中国市场出版社
社　　址: 北京市西城区月坛北小街2号院3号楼（100837）
电　　话: （010）68033539/68036672/68020336
经　　销: 新华书店
印　　刷: 河北鑫兆源印刷有限公司
成品尺寸: 170mm × 240mm　开　　本: 16开
印　　张: 16　字　　数: 300千
图　　数: 24　表　　数: 13
版　　次: 2022年10月第1版　印　　次: 2022年10月第1次印刷
书　　号: ISBN 978-7-5092-2165-5
定　　价: 90.00元

序

北方干旱半干旱地区是我国重要的能源基地，矿产资源开发在为当地区域经济发展带来经济利益的同时，也不可避免地给当地农牧民的生计造成破坏。土地（草场）问题是其中的关键问题之一，已成为学界目前关注的热点问题。这方面，较为主流的观点是，在集体所有制下，当前农牧户个体层面拥有的草场承包经营权制约了其在矿产资源开发中获得有效补偿，因此进一步强化农牧户个体层面的土地财产权利被认为是破题的关键。

然而，张舰博士在实地调研中发现，一方面，在矿产资源开发过程中，如果当农牧户的某些利益损失并未表现为土地财产权利的受损，则再怎么强化个体层面的土地财产权利，可能都没办法保障农牧户受损的利益获得有效补偿。另一方面，村集体作为草场所有权的权利主体，在体现牧户权益同社会生态系统之间的耦合关系，以及权益受损的复杂性、整体性方面，其作用一直没有得到体现。

针对上述实际问题，张舰博士尝试用另一种思路视角来认识干旱半干旱区矿产资源开发中的农牧户利益保障。他通过对产权模型演变过程，以及产权经济学在干旱半干旱区自然资源管理中的局限性等梳理，提出在看待农牧户利益保障这一问题时，应当将关注点从关注土地财产权利本身，转换为关注农牧民从土地资源中实际所获利益，即其文中所言的“权益”。

当作出这种视角转换后，便能更为清晰地注意到，农牧户个体的权益与其所处的社会生态系统间存在复杂的嵌套关系。这种嵌套关系造成某些情况下，即便某一农牧户的土地财产权利没有受损，但其农牧业生产仍遭受了损失，抑或说其农牧业生产所受损失并不一定体现为个体土地财产权利的受损。而在市场经济下，长期被忽视的集体土地权利，在代表农牧户的这种利益受损方面可能更具有效性。张舰博士在田野调查中发现的情况，也印证了上述认识。

张舰博士的这一研究，一是为矿产开发中农牧户的利益保障与土地产权配置提供了一种新的理论认识视角。将农牧户个体的土地财产权利与权益二者分开，有助于更好地认识到农牧户个体的生计与其所在社会生态系统之间的嵌套关系，避免在思路上仅局限于经济系统内部考虑产权配置的问题，从而忽视了个体层面土地财产权利难以有效体现农牧户实际利益所受影响的复杂性和整体性。同时，也有助于更好审视集体层面土地财产权利所能发挥的作用。二是能够为补偿机制构建提供新的政策思路。应当统筹兼顾个体和集体层面的土地财产权利，充分关注在矿产开发中，农牧户的草场承包经营权所受影响、从草场等资源中获得的实际利益所受影响这两者之间表现特征的不同，并结合这些不同，探索构建以不同权利主体（农牧户个体或村集体）为基础的多元补偿机制。

本研究理论与资料基础扎实，不仅对深化认识干旱半干旱区矿产开发与农牧民利益保障这一问题提供了一个不同的视角，对于长期以来围绕我国农牧区土地资源的集体所有权的产权制度争议，也具有一定的启发意义。

李文军

北京大学教授

2022年于燕园

前　言

矿产资源开发过程中，对开发地农牧民的利益补偿一直是国内外学界关注的热点问题。通过对已有研究的梳理，发现整体存在两方面问题。

一方面，在矿产资源开发中，对开发地受破坏的生态环境进行补偿和对农牧民个体生计所受损失进行补偿，二者本质上是分别属于公共利益和个体利益两个不同层面的问题，前者所涉及的向采矿企业征收的生态补偿费、矿山环境恢复治理保证金、资源使用费等并不直接面向开发地农牧民，面向农牧民的主要是后者，即采矿企业因占用农牧民土地、造成其生计受损而支付的补偿。但现有部分研究并未对二者进行区分，一定程度上造成研究中概念和思路的混淆。在矿产资源归国家所有的大背景下，部分研究围绕农牧民应如何分享矿产资源使用费、生态补偿费等进行讨论，显然有些脱离实际。

另一方面，回归到农牧民的土地被采矿活动占用或破坏而遭受生计损失这一问题上，现有研究多是认为，强化和清晰界定农牧户个体拥有的土地权利，是保障农牧户在矿产开发中就所受损失获得有效补偿的关键所在，这种思路与一般性的工业化、城镇化过程中对失地农牧民的补偿思路无异。事实上，干旱半干旱区社会生态系统有其自身特殊性、复杂性，仅从经济系统出发关注土地财产权利配置，可能会造成农牧户的经济收益单元边界与生态单元边界不重合，并不能解决所有问题，这在现有一些干旱半干旱区自然资源管理方面的研究中已有所印证。也因此，从干旱半干旱区社会生态系统的特殊性出发，应当对这一类区域矿产开发中农牧民的利益受损作有针对性的理论探讨。

在上述研究梳理和总结基础上，笔者便萌生了开展本研究的想法。本书想与读者分享的，主要是对农牧户个体层面、集体层面的土地财产权利在保障其受损利益时的作用这一理论问题的看法。笔者在国家自然科学基金“草畜平衡的弹性管理：系统外因素的影响机制”（项目号41171428）项目资助下，于2015年前后对内蒙古两处案例地进行了较为深入的田野调查。后续又结合对产权、权益相关理论和概念模型的研究，构建相关理论分析框架，从理论层面探讨矿产资源开发中，农牧民受损利益未得到有效补偿，是因为个体层面的草场财产权利有待于进一步强化，还是因为仅关注了个体层面的草场财产权利而忽略了集体草场财产权利所应发挥的作用？本研究尝试作出的理论贡献，主要是对“以强化农牧户个体层面土地财产权利来保障其受损利益”这一主流观点进行理论层面的反思，对个体层面和集体层面土地财产权利所能发挥的作用进行理论补充等。

诚然，任何补偿问题都涉及制度本身的问题和执行层面的问题，书中所涉及的受访农牧民，其利益受损未得到有效补偿，其中难免掺有执行层面的因素，但笔者认为现有问题的关键主要仍在于补偿制度本身，因此很有必要对于如何立足于个体层面和集体层面的土地财产权利构建相应补偿机制进行理论探讨。也因此，书中研究重点并非是评判案例地的政策执行效果。这方面，内蒙古在2018年4月公布了新的《自治区征地统一年产值标准和征地区片综合地价》。2020年以来，内蒙古通过涉煤领域“倒查20年”、关停大量小矿等整顿措施，相关补偿的规范性应当已大幅提升。同时，近年来国家也进一步优化补偿执行的标准，比如2019年8月《土地管理法》第三次修订版，较2004年9月的第二次修订版，放宽了土地征用、临时占用的补偿标准，未再提出“土地补偿费和安置补助费两项总和不得超过土地被征收前三年平均年产值的三十倍”，只作了“征收土地应当给予公平、合理的补偿，保障被征地农民原有生活水平不降低、长远生计有保障”这种原则性的规定。

在田野调查、撰写和出版过程中，本书得到了案例地村镇政府工作人员、北京大学环境科学与工程学院李文军教授、内蒙古大学蒙古学研究中心达林太教授、中国农业大学资源与环境学院庄明浩副教授、西南财经大学经济学院贡布泽仁副教授、国家发展和改革委员会国土开发与地区经济研究所夏成副所长和刘保奎副研究员的协助、学术指导和资助，在此一并表示最真挚的谢意。

本书编写过程中参阅了大量相关研究工作和学术文献，主要观点均作了引用标注，若有疏漏，在此表示歉意。由于笔者专业水平和写作能力有限，书中若有不妥之处，敬请批评指正。

笔者

2022年于北京

目录

导 言

我国西北干旱半干旱区面积占全国陆地总面积约30%，这一区域既是我国重要生态屏障和能源接续地，也是打赢脱贫攻坚战后有效衔接乡村振兴、推进共同富裕建设的重点难点区域。

采矿业作为西北干旱半干旱区经济社会发展的重要支柱产业，在带来巨大经济效益的同时，所产生的土地占用、生态环境破坏等问题也对开采地农牧民的畜牧业、种植业生产以及日常生活造成了严重影响，并且在这一过程中，许多农牧民没能获得有效补偿，生计水平出现明显下降。但目前，针对干旱半干旱区矿产资源开发过程中农牧民利益受损的补偿研究往往是被放在一般性的工业化、城镇化过程中失地农牧民的补偿这一研究思路和视角下，没有充分结合干旱半干旱区的生态环境特点、农牧民的生产特性等因素，与一般性的工业化、城镇化过程中的失地农民补偿问题加以区分。这些研究往往认为，强化和清晰界定农牧户个体拥有的土地权利是保障其在矿产资源开发过程中，就所受损失获得有效补偿的关键所在。然而，本研究在田野调查中发现，随着国家和社会对于个体财产权利重视程度的提高，在有矿产资源开采活动的干旱半干旱区地区，针对受影响农牧民的补偿机制普遍建立在当地已经发包到户的草场承包经营权基础上，过程中村（嘎查，蒙古语）集体并未行使在土地集体所有制下的土地权利，也未参与补偿的协商和分配。但在实践运作中，这种以农牧户个体拥有的承包经营权为基础建立的补偿机制，仍产生了诸多问题。

因此，本研究认为当前干旱半干旱区矿产资源开发中失地农牧户的补偿政策亟待回答的问题是：在干旱半干旱区的矿产资源开发过程中，建立在已经发包到户的农牧户草场承包经营权基础上的补偿机制，是否能够为受影响的农牧户获取有效补偿提供制度保障？

为进一步研究上述现实问题背后的理论机理，本研究提出了相对应的理论问题：在干旱半干旱区的矿产资源开发过程中，农牧户个体权益的保障与草场（土地）产权配置之间的关系是什么？针对这一理论问题，现有大量研究对于农牧户个体的土地产权和集体土地产权的讨论都是在社会经济系统内部，对产权权利（endowment）本身的配置效率进行探讨，鲜有研究关注到在干旱半干旱区的草原社会生态系统中，该系统的特性、农牧户的生产特性会对产权配置效果产生怎样的影响。因此，本研究基于权益（entitlement）理论，构建相应的理论分析框架，对上述现实问题背后，即农牧户的个体权益在干旱半干旱区社会生态系统内的复杂作用下，所受到的影响与农牧户个体的草场财产权利、村集体的草场财产权利之间的关系进行探讨。

针对上述现实问题，本研究选取了内蒙古鄂尔多斯市和阿拉善盟的两处有矿产资源开采活动的案例地，从“受到矿产资源开采活动影响的农牧户所获补偿是否能够覆盖其畜牧业、种植业生产及生活所受损失，保证其原有生计水平不下降”这一衡量标准出发，对案例地农牧户的受补偿情况进行分析。结果显示：

其一，在鄂尔多斯市案例中，煤矿资源开采活动除直接占用案例村的大面积草场外，造成的地下水资源减损和污染问题在地下水循环的作用下，影响范围要远大于采矿活动直接占用的地表范围，造成村内未被采矿活动直接占用草场的农牧户的生产和生活也同样遭受了损失。但是，在以农牧户个体的草场承包经营权为基础建立的补偿机制下，案例地仅有被采矿活动直接占用了草场的农牧户获得了相应的补偿，其生计水平在开采方的补偿支撑下保持了相对稳定的状态；而未被采矿活动直接占用草场的案例村农牧户，尽管其生产和生活也因采矿活动造成的地下水减损和污染问题而遭受了明显损失，但因其个体层面的草场承包经营权未受到影响，因此在现有补偿机制下未能获得任何补偿，后续生计水平出现了明显下降。

其二，在阿拉善盟案例中，案例嘎查的11个铁矿场对牧户的畜牧业生产所造成的影响相互交错重叠，由此在牧户受损的责任主体间形成了一个模糊空间。在基于农牧户个体的草场承包经营权建立的补偿机制下，当牧户与铁矿协商补偿时，尽管可以就草场被开采活动直接占用范围内遭到破坏的植被、附着物等向铁矿开采方索要补偿，但是因地下水污染、扬尘污染等造成的畜牧业生产损失，牧户则会因为责任主体难以清晰界定而难以获得有效补偿。一方面，直接占用其草场的铁矿场会认为相邻铁矿场同样负有一定责任，借此推卸补偿责任；另一方面，相邻铁矿场则会因为没有直接占用其草场而拒绝补偿。故而，案例嘎查受访牧户中，近七成牧户未能得到与生产和生活所受损失相匹配的补偿，后续生计水平出现明显下降。

基于上述分析，本研究得到的现实问题结论是：在干旱半干旱区的矿产资源开发过程中，建立在已经发包到户的农牧户草场承包经营权基础上的补偿机制，难以为全部受到采矿活动影响的农牧户获得与损失相匹配的补偿提供有效的制度保障，部分农牧户的后续生计水平出现明显下降。

进而，本研究基于权益（entitlement）理论，将对物质的财产权利本身和从物质中获取的实际利益（权益）两者分开，并基于这一思路构建了“干旱半干旱区矿产资源开发对农牧户个体的草场产权和权益影响分析框架”，从而对现实问题结论背后的理论机理进行分析，得到了如下理论层面的结论。

一是在干旱半干旱区的矿产资源开发过程中，农牧户个体权益所受损失并不一定体现为其个体拥有的草场承包经营权受损，因此仅仅依靠强化农牧户个体的草场产权并不足以完整有效地保障农牧户的个体权益。这是因为，农牧户个体手中的草场承包经营权虽然能够代表其因采矿活动被占用而失去的一部分草场范围，但农牧户的生产和生活所受损失（权益受损）并不一定直接体现为农牧户个体拥有的草场承包经营权受损，且个体权益受损也并不像产权受损一样边界清晰。因此，农牧户个体对草场的权利并不是能够完整代表矿产资源开发过程中的农牧户个体权益所受损失的有效主体。

二是干旱半干旱区的草原社会生态系统作为一个整体，其内部社会和生态子系统之间存在复杂的相互作用，矿产资源开采活动对农牧户的个体权益造成的损害并不独立于其所在的社会生态系统之外，而是与之相耦合，开采活动的影响表现为整个村集体或小组范围内的农牧户权益的受损。因此，应当注重发挥集体产权在有效代表牧户个体权益与社会生态系统之间的耦合关系，体现一定空间范围内的农牧户个体权益受损具有整体性、复杂性等方面的作用。而在现实案例中，集体产权基本上处于被架空的位置，并没有参与到补偿机制的构建中。单纯依靠农牧户个体的草场承包经营权构建的补偿机制割裂了牧户个体权益与所在的社会生态系统之间的耦合关系，造成了相当一部分农牧户难以获得有效补偿。

基于上述结论，本研究提出在干旱半干旱区的矿产资源开发过程中，农牧民的补偿机制构建，应从农牧户个体的草场产权和权益受到采矿活动影响时的不同表现特征出发，充分认识到集体产权在体现个体权益与社会生态系统之间耦合关系方面的有效性，充分依托不同层面产权的作用来构建补偿机制：首先，针对采矿活动直接占用范围内的草场资源，由于边界和责任清晰，明确表现为农牧户失去了该部分范围的草场承包经营权，个体层面权益和产权所受影响表现一致，因此应主要发挥农牧户个体权利在资源配置中的有效性，以发包到户的草场承包经营权为基础建立市场化的交换补偿机制。进而在上述范围之外，针对矿产资源开发在社会生态系统复杂作用下对农牧户的生产和生活所造成的复杂影响，由于这种个体权益的受损并不一定能够体现为农牧户个体拥有的草场承包经营权受损，并且单个农牧户权益的受损与整个社会生态系统受到的扰动相耦合。因此，应更多发挥集体土地产权对于体现系统整体所受影响方面的代表性，以村集体经济组织或者村民委员会为主体，同采矿企业进行影响和补偿方面的协商，而后由集体成员讨论商议，按一定规则将补偿再分配给实际权益遭受损失的农牧户。

第一章

绪　论

第一节　研究背景

矿产资源开发地原住民的利益补偿一直是国际上备受关注的一个研究课题。

一方面，矿产资源是保障人类福利的必需品，对其开发利用及相应的工程建设能够给区域带来显著的经济效益（Bridge，2004；Eric Holt-Giménez，2007；Hilson，2000； Farrington，2009；Li et al.，2014；Bai et al.，2011；Söderholm & Svahn，2015）。以国际上金矿和铜矿在1991年至2012年间的价格为例，每盎司黄金的价格从450美元左右快速上涨到了1650美元左右，相应地，铜的单位价格也从每磅不到1美元快速上涨到了超过4美元（*British Columbia Ministry of Energy & Mines*，2012）。矿产资源价格的飙升伴随而来的是各国开矿数量的猛增、矿产资源开发利益的增长。

另一方面，对矿产资源的开采和加工利用活动又不可避免地要占用和破坏大量自然资源，造成了开采区原居民利益的受损，由此引发了当地居民与开采方之间的矛盾冲突（Humphreys et al.，2009；Wheeler et al.，2002；Zandvliet & Anderson，2009；Dai et al.，2005）。因此，越来越多的研究关注如何协调矿业企业与采矿区居民之间的利益关系这一问题（Söderholm & Svahn，2015；O’Faircheallaigh，2013）。

我国作为世界上少数几个矿种齐全、矿产资源总量丰富的大国之一，在1949年新中国成立以来的70多年间，我国矿产品产量增长迅速，煤炭、钢铁、十种有色金属、水泥、玻璃等主要矿产品产量跃居世界前列，矿产资源为国家经济建设和社会发展提供了95%的能源资源和80%的原材料（自然资源部，2019）。

位于我国大兴安岭以西、青藏高原和黄土高原的干旱半干旱地区，是我国重要的能源、煤化工、有色金属冶炼基地，区域内矿产资源种类多、分布集中、资源潜力大，分布有鄂尔多斯能源富集带、陕甘川有色金属矿产富集区、柴达木化工矿产富集区、塔里木油气富集区、阿尔泰有色金属富集区等，采矿业是这一区域的重要支柱产业之一。

以内蒙古自治区为例，全区开采的矿产资源种类共计120种，7种矿产资源保有储量居全国第一位，5种矿产资源保有储量居全国第二位（内蒙古自治区人民政府办公厅，2017），2021年全区煤炭、石油、天然气、黑色金属矿、有色金属矿、非金属矿采选业的总产值占规模以上工业总产值的比重达到21.75%。具体如表1-1所示。

表1-1　内蒙古主要矿产资源保有储量

矿产资源名称	资源保有储量	在全国各省份中的排名
煤炭	4110.65亿吨	1
稀土	1.5亿吨（氧化物）	1
普通萤石	3280.40万吨	1

（续表）

矿产资源名称	资源保有储量	在全国各省份中的排名
锌矿	2833.06万吨	1
铅矿	1425.10万吨	1
银矿	48.82千吨	1
锗矿	2753吨	1
芒硝	43.10亿吨	2
大理岩	8.42亿吨	2
晶质石墨矿	4596.08万吨（矿物量）	2
天然碱	1209.6万吨	2
钼矿	504.12万吨	2
石膏	36.41亿吨	4
锡矿	40.76万吨	4
水泥用灰岩	75.65亿吨	5
铜矿	783.02万吨	5
金矿	688.86吨	5

数据来源：内蒙古自治区人民政府办公厅编制发布的《内蒙古自治区矿产资源总体规划（2016—2020年）》（内政办发〔2017〕161号）。

但是，与此同时，占我国陆地面积约30%的干旱半干旱区，也具有生态系统结构和功能相对脆弱、稳定性低的特点，是人类活动最敏感的地球陆地生态系统之一（Li et al，2021）。此外，我国的干旱半干旱区也是贫困人口和少数民族同胞分布相对集中、经济社会发展水平相对较低的地区。基于此，可见干旱半干旱区既是我国重要生态屏障和能源接续地，也是打赢脱贫攻坚战后有效衔接乡村振兴、推进共同富裕建设的重点难点区域。

对于干旱半干旱区居住的农牧民而言，草原是其维持畜牧业、种植业生产，保障基本生计的关键。矿产资源开采活动直接占用大面积草原，并对地下水资源、植被等造成污染和破坏，导致开采地农牧民传统上依赖畜牧业、种植业作为主要收入来源的生产、生活方式被一定程度上削弱或者完全切断，生计水平出现明显下降（Li et al.，2014；Bai et al.，2011；胡振琪 等，2006）。因此，如何对矿产资源开采地农牧民的草场资源所遭受的破坏、畜牧业和种植业生产所遭受的损失等利益损失进行有效补偿，以保障其后续生计的可持续性，是协调矿产资源开采方与农牧民利益的关键所在。

而现阶段，在矿产资源开发过程中，政府和学界围绕干旱半干旱区农牧民利益受损补偿方面进行的探讨，更多被放在了在一般性的工业化、城镇化进程中失地农民的补偿这一政策或研究思路下，鲜有结合我国干旱半干旱区的生态环境特点、农牧民生产特性，以及矿产资源开采活动所造成的影响等因素进行专门分析。因此，有必要对干旱半干旱区的矿产资源开发过程中，生产和生活遭受损失的农牧民的相应补偿机制这一问题做专门研究，而不是直接照搬一般工业化、城镇化进程中对失地农民的补偿机制或思路。

这里需要强调的是，本书所关注的并非是对矿产资源开发地被破坏的生态环境进行生态补偿这一问题，而是针对矿产资源开采过程中，开采地因草场（土地）被占用、畜牧业和种植业生产及生活遭受损失的农牧民群体，应当如何构建起相应的补偿机制。从本质上来说，这两方面是分属公共利益和个体利益两个不同层面的问题，但目前大量研究并未对其进行明确区分，这也在一定程度上造成了研究中的概念和研究思路上的混淆，具体而言：

针对矿产资源开采地的生态环境所受破坏进行生态补偿，更多体现为一个公共管理问题，开采地的生态环境、自然资源遭到破坏表现为公共资源（或公共利益）受损，这一类受损及相关补偿的主要代理人应当为国家政府而非农牧民个体。实践中表现为政府向采矿企业征收生态补偿费、矿山环境恢复治理保证金、矿产资源相关税费（资源税、资源补偿费），以及资源使用费（探矿权使用费、采矿权使用费）等，而后将所征收的费用用于支付开采区生态环境所遭毁损的修复治理成本（张映红，2002；胡振琪等，2006）。

与针对矿山生态修复的生态补偿相比，开采地农牧户的生产和生活因受矿产资源开采活动影响而遭遇的损失，则更多体现为一种农牧户个体的私权和私人利益受损，农牧户是这种利益受损及相关补偿的直接代理人。尽管在矿产资源开采过程中，农牧户所遭受的利益损失与矿产资源开采活动对生态环境造成的破坏之间存在密切联系，但这种补偿本质上针对的是农牧户的生产和生活受开采活动影响所损失的利益，目的是保证农牧民原有的生计水平不下降，而并非针对采矿区生态环境修复的所需成本。

第二节　国内外矿产资源开发地居民利益补偿的主要政策和做法

一、国外矿产资源开发中原住民利益补偿的的主要做法及认识

无论是在发达国家还是发展中国家，大多数情况下的矿产资源开发都是发生在较为偏远的地区，开发地区的当地居民通常直接依靠土地等自然资源来维持生计，故而开发地居民在矿产开发过程中的利益受损主要体现为——其生产和生活因土地及相关自然资源被占用和破坏而遭受损失。也因此，土地产权配置成为了在矿产开发过程中保障原住民利益的关键问题，也成为了包含学术界和决策者在内的多个群体关注的热点（Macintyre & Foale，2007；Yin et al.，2014；Schomers & Matzdorf，2013；Jack et al.，2008）。

在具体政策实践方面，不同国家在土地产权的权利范围设定方面存在着一些差异，比如美国、加拿大等国家允许地下自然资源归土地权利人所有，虽然现实中绝大多数的地下自然资源权利已经同地表土地权利相分离，政府控制了绝大多数的地下资源。例如美国将水资源归属同土地所有权分离，并将相关立法权授予

各州，大部分州进而直接规定水资源归政府或公共所有；而在诸如德国、英国等国家，地下自然资源的权利同地表土地权利是相互分离的，土地权利人拥有的只是对地表土地进行使用、从事相关生产活动并获取收益的权利（Sprankling，2008；Stinson，1996；Cullingworth & Caves，2013；Baur & Sturner，2004）。

尽管上述经济较为发达的国家在土地产权权利范围设定方面存在着一定的差异，但在土地开发过程中对开发地原居民利益的保障方面，其思路是一致的，即从法律上清晰界定并赋予开发地居民对于土地的私有权利，以保障当地居民在土地等自然资源受损时的利益（Altman，2009；Altman & Smith，1994；Söderholm & Svahn，2015；Humphreys，2002；Mcphail，2009；Aroca，2001；Lagos & Blanco，2010；Fischer，2007；Archibald & Ritter，2001；Knotsch & Warda，2009；Parsons & Barsi，2001；Bocoum et al.，2012）。以澳大利亚北部领地（Northern Territory）的《土地权利法案》（*Land Rights Act*）为例，该法案于1976年首次颁布，目的是将北部领地一些土地的完整财产权赋予当地传统原住民所有者，这部法案赋予了当地原居民对其所拥有的土地上发生的活动进行有效控制的权利；此外，依据该法案还成立了相应的土地法庭（Land councils）来对法案的执行进行管理。在法案的保障下，当地居民以及土地法庭有权力否决矿产开发等占用土地的活动，因此矿业企业在要进行矿业生产活动时，必须与当地土地所有者（当地原住民）进行沟通协商，制定相应的符合市场机制的土地补偿合同。由此可见，在这一过程中，清晰完整的私有土地产权和市场导向的补偿标准是补偿机制的基础和核心。

除上述澳大利亚的例子外，其他一些发达国家也倾向于在清晰的土地产权制度下，采用市场价值作为开发地原居民补偿的裁判准则（Giammarino & Nosal，2005）。比如，美国在征用农牧业用地时以所征土地的公开市场价格作为补偿标准，这一过程中不仅考虑了土地现有的价值，还充分考虑了土地可预期、可预见的未来价值；在英国，土地征用补偿额主要以愿意买者与愿意卖者之间的市价作为补偿的基础，补偿以双方出价相等为原则；法国所采取的做法是以征用土地周边的土地交易价格或者所有者纳税时申报的价值作为参考，由征用裁判所来裁定补偿价值；日本在这一问题上同法国所采取的做法相似，被占用土地资源的补偿金额以相应土地或其附近类似性质土地的地租或租金为准。

从上述发达国家的相关经验来看，在针对矿产开发中受损失的农牧民进行补偿时，清晰的土地私有产权在补偿措施的制定和实施过程中，发挥了基础性的作用（Cernea，2008；Banks et al.，2013；Hughes，2004）。

与上述西方国家所采取的补偿措施不同的是，大量学者在对巴布亚新几内亚 Lihir 岛（Banks，2005；Johnson，2012；Bentley，2011；Golub，2006）、西太平洋美拉尼西亚岛（Banks et al.，2013）、坦桑尼亚的 Geita 地区（Kitula，2006）、老挝的Nam Mang地区（Sayatham & Suhardiman，2015）等进行了矿产开发的地区分析时发现，在上述发展中国家的一部分仍然保持着土地资源共有产权的社区，其土地共有状态下产权权利的模糊性，阻碍了农牧民在矿产开发过程中对自身利益的保护（Hughes，2003，2004；Cernea，2008；Kitula，2006）。比如Hughes（2003，2004）在对巴布亚新几内亚的农牧民利益分析时发现，矿产开发导致农牧民的生计水平下降，主要是由于当地土地共有的习俗产权模式阻碍了农牧民享有当地矿产开发所带来的利益。该研究认为，共有产权下的模糊和混乱的权利关系，一方面使得矿业企业会在这种模糊的产权制度中找到逃避责任的空间；另一方面，模糊的权利关系也使得企业的补偿更多被社区精英群体所捕获。因此这部分研究认为，当地应当尽快通过大力推进私人土地注册制度（registration of individual titles），以建立现代的私人土地产权制度（individual property right）。因为清晰的私人土地产权不但可以有效保障矿产开发中农牧民损失的利益能得到有效补偿，同时还可以作为私人的储蓄或者贷款抵押物。

二、国内矿产资源开发中农牧民利益补偿的政策梳理

（一）补偿范围的界定

在我国，地下自然资源的产权权利同地表的土地产权权利是相互分离的，具体而言，对于地表土地资源，《中华人民共和国土地管理法》（下文简称《土地管理法》）第二条规定："中华人民共和国实行土地的社会主义公有制，即全民所有制和劳动群众集体所有制。任何单位和个人不得侵占、买卖或者以其他形式非法转让土地。土地使用权可以依法转让。国家为了公共利益的需要，可以依法对土地实行征收或者征用并给予补偿。国家依法实行国有土地有偿使用制度。"

对于地下自然资源，《中华人民共和国矿产资源法》（下文简称《矿产资源法》）第三条规定"矿产资源属于国家所有，由

国务院行使国家对矿产资源的所有权。地表或者地下的矿产资源的国家所有权，不因其所依附的土地的所有权或者使用权的不同而改变”；《中华人民共和国水法》第三条则规定“水资源属于国家所有。水资源的所有权由国务院代表国家行使。农村集体经济组织的水塘和由农村集体经济组织修建管理的水库中的水，归各该农村集体经济组织使用”。

在矿产资源开采地，尽管开采活动给当地所带来的财政收入可能会在一定程度上有助于当地基础设施（道路、交通、医疗、学校等）建设的发展，促进基本公共服务水平的提升，当地农牧民也可以从中获益，但法律上明确规定了，矿产资源开发地的农牧民并不直接享有从当地所开发的矿产资源中获得直接收益的权利，同样也不直接享有从当地被破坏的地下自然资源中获取生态补偿的权利。因此现阶段，开发地农牧民所能获得的补偿，本质上主要体现为草场被征用或临时占用的补偿，以及草场上相应附着物被破坏的补偿。而我国现阶段并没有单独针对干旱半干旱区草场的征（占）地补偿政策，相关的补偿政策被统一放到了农业用地征（占）用补偿政策下，故而这方面相关政策法规中所提及的“农民”实际上包含了“牧民”这一群体在内。

（二）矿产资源开采方对农牧户的补偿方式

在具体的征（占）地补偿措施方面，目前矿产开发中的占地类型主要分为地质勘查用地和采矿用地两类。采矿用地进一步分为工业广场用地、采矿区用地和尾矿库用地（李炜 等，2009；黄萍，2012）。针对不同的占地类型，矿产资源开采方在土地获取方式和补偿方式方面也有所不同。

地质勘查用地指的是探矿权人因地质勘查而使用的集体土地，通常按照临时用地处理，依据相关法律规定办理临时用地手续，相应的临时用地办理程序是：首先由探矿权人提交勘查用地材料，经当地县级以上人民政府土地资源行政主管部门审核、批准后，由探矿权人与村（嘎查）集体或承包农户（或牧户）签订临时使用土地合同，按照合同支付临时用地的补偿费。

采矿用地中，工业广场在计划经济时期，由于受到体制的影响，通常是通过划拨方式直接划拨给国营矿山，诸如石油、天然气、铁矿生产项目。大型煤矿工业广场用地及其附属设施用地，按照报批程序进行农业用地转用和征收之后，通常作为重点项目被列为单独选址用地，作为国家重点扶持的能源设施用地对待，以划拨给用地单位使用。在我国逐步转为市场经济后，除直接划拨给国营矿山之外，有资质的民营矿山企业开始被允许进入一部分矿种的开采当中，同时被允许对一定规模的矿山进行经营，国家也对相关的法律法规进行了调整和完善。

采矿用地中剩下的采矿区用地和尾矿库用地则是矿产开发的主要用地，通常占地面积较大，实践中获取这类土地通常采取的方式有：（1）依照法律规定对所占用土地进行正式征收，并办理征地手续，依照土地管理法所规定的标准对被征收方进行补偿，但是，由于这种土地取得方式的手续复杂且办理时间长，故而在实践中对采矿区用地和尾矿库用地全部办理正式征地手续的情况并不多见。（2）以租代征方式，不办理正式征地手续，这种方式是目前矿业企业获取土地的主要形式，矿业企业与村（嘎查）集体或者农牧户签订土地租赁协议，按照协议支付租金和补偿费用，从而获得土地使用权。（3）以临时用地方式取得，这种方式在实践中采用得也较少，该方式下矿业企业须向有批准权限的人民政府提出申请并办理临时用地手续，企业与村（嘎查）集体或农牧户签订补偿协议，并支付补偿费用后获得土地使用权；需要注意的是，因临时用地期限不得超过两年，故采矿企业需以两年为周期来重复办理临时用地手续，并与村（嘎查）集体或农牧户签订补偿协议；较为特殊的是，铝土矿的开采周期较短，因此也会采用一次性签订三至四年的用地协议，不再重复签订临时用地协议。

从上述土地获取方式来看，矿业企业在开采生产过程中，对受影响农牧民的补偿主要体现为两种方式：土地正式征收情况下，依据土地管理法的征收规定给予补偿；以租代征或临时用地方式的情况下，采矿方与村（嘎查）集体或农牧户签订用地补偿协议（王景双，2010；周银燕，2010；李炜 等，2009）。

在土地正式征收方式下，依据《土地管理法》的征收补偿，属于行政性补偿范围中的公益性征收补偿，指的是为了公共利益的需要，将集体所有的土地强制性转化为国有土地，这种行为使村（嘎查）集体和农牧民的合法权益受到损失，因此国家给予补偿救济。《土地管理法》（2019年8月第三次修订）第四十八条明确规定："征收土地应当给予公平、合理的补偿，保障被征地农民原有生活水平不降低、长远生计有保障"。征收所涉及的农用地包括耕地、林地、草地、农田水利用地、养殖水面等。被征用后的土地使用权按照市场原则出让给后续使用者（Ho，2006；华生，2014；周其仁，2004；贺雪峰，2013；高春华，2009）。

近年来，国家对征收土地的补偿标准也有所调整，在《土地管理法》第二次修订版中，相关规定为按照被征收土地的原用途给予补偿，其中土地补偿费为该耕地被征收前三年平均年产值的6至10倍，安置补助费为该耕地被征收前三年平均年产值的4至6倍，若两项补偿不能使需要安置的农民保持原有生活水平的，可在省级人民政府批准下增加补偿，但两项总和不得超过土地被征收前三年平均年产值的30倍。《土地管理法》第三次修订版则未再明确规定补偿标准，只作了“征收土地应当给予公平、合理的补偿，保障被征地农民原有生活水平不降低、长远生计有保障”这种原则性的规定，具体的土地补偿费、安置补助费标准由省、自治区、直辖市确定。《中华人民共和国草原法》（2021年修正，简称《草原法》）第三十九条规定“因建设征收、征用集体所有的草原的，应当依照《中华人民共和国土地管理法》的规定给予补偿”。上述内容具体参见表1–2所示。

以租代征或临时用地方式下，针对采矿坑口、道路等永久性占地，采矿企业与村（嘎查）集体或被占地农牧户签订一次性的补偿协议，或按年度支付补偿费用的协议；对于因采矿造成塌陷、积水的集体土地，根据土地损毁程度，双方通过协议约定比例支付补偿费；对于完全失去耕种能力的耕地，按照占用耕地的标准进行补偿（王景双，2010；周银燕，2010；李炜 等，2009）。《土地管理法》第三次修订版中规定，“需要临时使用农民集体所有的土地的，由县级以上人民政府自然资源主管部门批准”“土地使用者应当根据土地权属，与有关自然资源主管部门或者农村集体经济组织、村民委员会签订临时使用土地合同，

表1–2 《土地管理法》中关于征用土地补偿费用的规定

第二次修订版（2004年8月）	·征收土地的，按照被征收土地的原用途给予补偿 ·征收耕地的补偿费用包括土地补偿费、安置补助费以及地上附着物和青苗的补偿费。征收耕地的土地补偿费，为该耕地被征收前三年平均年产值的六至十倍。征收耕地的安置补助费，按照需要安置的农业人口数计算。需要安置的农业人口数，按照被征收的耕地数量除以征地前被征收单位平均每人占有耕地的数量计算。每一个需要安置的农业人口的安置补助费标准，为该耕地被征收前三年平均年产值的四至六倍。但是，每公顷被征收耕地的安置补助费，最高不得超过被征收前三年平均年产值的十五倍 ·征收其他土地的土地补偿费和安置补助费标准，由省、自治区、直辖市参照征收耕地的土地补偿费和安置补助费的标准规定 ·被征收土地上的附着物和青苗的补偿标准，由省、自治区、直辖市规定 ·征收城市郊区的菜地，用地单位应当按照国家有关规定缴纳新菜地开发建设基金 ·依照本条第二款的规定支付土地补偿费和安置补助费，尚不能使需要安置的农民保持原有生活水平的，经省、自治区、直辖市人民政府批准，可以增加安置补助费。但是，土地补偿费和安置补助费的总和不得超过土地被征收前三年平均年产值的三十倍 ·国务院根据社会、经济发展水平，在特殊情况下，可以提高征收耕地的土地补偿费和安置补助费的标准
第三次修订版（2019年8月）	·征收土地应当给予公平、合理的补偿，保障被征地农民原有生活水平不降低、长远生计有保障 ·征收土地应当依法及时足额支付土地补偿费、安置补助费以及农村村民住宅、其他地上附着物和青苗等的补偿费用，并安排被征地农民的社会保障费用 ·征收农用地的土地补偿费、安置补助费标准由省、自治区、直辖市通过制定公布区片综合地价确定。制定区片综合地价应当综合考虑土地原用途、土地资源条件、土地产值、土地区位、土地供求关系、人口以及经济社会发展水平等因素，并至少每三年调整或者重新公布一次 ·征收农用地以外的其他土地、地上附着物和青苗等的补偿标准，由省、自治区、直辖市制定。对其中的农村村民住宅，应当按照先补偿后搬迁、居住条件有改善的原则，尊重农村村民意愿，采取重新安排宅基地建房、提供安置房或者货币补偿等方式给予公平、合理的补偿，并对因征收造成的搬迁、临时安置等费用予以补偿，保障农村村民居住的权利和合法的住房财产权益 ·县级以上地方人民政府应当将被征地农民纳入相应的养老等社会保障体系。被征地农民的社会保障费用主要用于符合条件的被征地农民的养老保险等社会保险缴费补贴。被征地农民的社会保障费用的筹集、管理和使用办法，由省、自治区、直辖市制定

并按照合同的约定支付临时使用土地补偿费”。

具体到地方实践中，以内蒙古为例，按照《内蒙古自治区征占用草原审核审批程序规定》，不论是矿藏开采和工程建设等需要征收、征用或者使用草原，还是临时占用草原，都需要申请单位与草原所有权单位或者草原使用权单位和草原承包经营者签订草原征占用补偿协议；补偿标准应当符合《内蒙古自治区征地区片综合地价》规定；临时占用草原的补偿标准应当符合相关规定。内蒙古自治区人民政府办公厅在2018年公布《内蒙古自治区征地统一年产值标准和征地区片综合地价》时也明确指出：自治区各地区要按照保证被征地农牧民生活水平不降低、长远生计有保障的原则，建立征地补偿标准更新制度，逐步提高补偿标准。要依据地类变化、土地质量、区位、经济社会发展水平等因素，适时调整征地统一年产值标准或征地区片综合地价，调整的征地补偿标准报自治区人民政府批准后公布实施。具体可参见专栏1-1中的内容。

专栏1-1 内蒙古自治区人民政府办公厅
关于公布《自治区征地统一年产值标准和征地区片综合地价》的通知

各盟行政公署、市人民政府，自治区各委、办、厅、局，各大企业、事业单位：

为认真贯彻落实《国务院关于深化改革严格土地管理的决定》（国发〔2004〕28号）精神，进一步加强征地补偿安置工作，切实保护被征地农牧民合法权益，维护社会和谐稳定，保障经济社会持续健康发展，自治区人民政府决定对2011年制定的《内蒙古自治区征地统一年产值标准和征地区片综合地价》（以下简称《征地补偿标准》）予以更新并重新公布，自2018年4月1日起施行。现将有关事宜通知如下。

一、切实做好新《征地补偿标准》的实施工作

《征地补偿标准》是综合补偿标准，是征收补偿集体土地的重要参考依据，是实际征地补偿费用的最低下限，由土地补偿费和安置补偿费组成（不含青苗补偿费、地上附着物补偿费）。各地区、各有关部门要切实提高对新《征地补偿标准》重要性的认识，认真组织做好新《征地补偿标准》实施工作。占用基本农田的，要按照当地最高标准予以补偿；使用国有土地的，应参照此次公布的标准执行；对于青苗和地上附着物的补偿标准，由各地区根据本地区实际情况确定公布实施。其他法律法规另有规定的，从其规定。

二、认真做好新旧《征地补偿标准》的衔接工作

各地区要周密组织、统筹安排好新《征地补偿标准》实施后的各项工作，进一步加大宣传力度，积极争取社会各界的理解支持，防止因实施新《征地补偿标准》引发社会矛盾；要严格履行征地告知、确认、听证等程序，充分尊重被征地群众的知情权、参与权、监督权和申诉权；要针对新《征地补偿标准》实施后可能发生的问题制订工作预案，建立纠纷处理与协调机制，确保新旧《征地补偿标准》的顺利衔接和平稳过渡。

三、及时做好征地补偿标准的更新工作

各地区要按照保证被征地农牧民生活水平不降低、长远生计有保障的原则，建立征地补偿标准更新制度，逐步提高补偿标准。要依据地类变化、土地质量、区位、经济社会发展水平等因素，适时调整征地统一年产值标准或征地区片综合地价，调整的征地补偿标准报自治区人民政府批准后公布实施。

四、加强对实施新《征地补偿标准》工作的监督管理

征地补偿工作政策性强，事关广大农牧民的切身利益。各地区要切实加强对实施新《征地补偿标准》工作的监督管理。各级监察、财政、国土资源、农牧业、林业、民政、社会保障、统计、审计等部门要各司其职、各负其责、密切配合，强化对实施工作的监督检查，防止弄虚作假和侵害被征地农牧民合法权益问题的发生。自治区国土资源厅要加强对各地区实施新《征地补偿标准》工作的指导，做好有关政策和技术问题的宣传解释工作，严把建设用地审批关，遇有重大情况要及时向自治区人民政府报告。

《内蒙古自治区人民政府办公厅关于公布实施自治区征地统一年产值标准和征地区片综合地价的通知》（内政办发〔2011〕143号）同时废止。

2018年1月3日

资料来源：内蒙古自治区人民政府网站。

三、矿产资源开发中对农牧民补偿的效果

（一）补偿政策效果：学界观点

现有研究在分析矿产资源开发中，受到影响的农牧户所获补偿的政策效果时，普遍认为由于现阶段的补偿不足，造成了农牧民生计下降、生计不可持续性等问题。相关研究表明，尽管随着时间推移，支付给资源开采地农牧户的补偿费用有了相应提升，但村（嘎查）集体往往以发展集体经济为名截留了大量现金补偿，导致实际遭受影响的农牧民得到的补偿仍然偏少，由此引发了这部分生计受损的农牧民的不满（Kung & Liu，1997；Li，2003）。

具体而言，首先，相关研究认为现有征占地补偿标准过低，导致受影响农牧民的生计水平明显下降，难以维持后续生计的可持续性。因为依照国家法律规定，集体土地仅限于农业用途范围内，要经过国家征用后才能改变用途，而后再将所征土地的使用权根据市场原则有偿出让给后续使用者。这一过程中，无论是正式征地还是临时占用土地，被占地的农牧民仅能够获得以原有农业用途产值的若干倍为基准支付的廉价征地补偿，并不考虑土地的地类以及转用后的用途等市场因素（Ho，2006；华生，2014；周其仁，2004；贺雪峰，2013）。其次，相关研究认为现有补偿政策易导致利益分配群体模糊。在承包到户背景下，农牧户虽然拥有土地的实际使用权，但集体享有土地的所有权，土地用途转换过程中的利益分配的界限模糊，往往导致村（嘎查）干部代表

农牧民集体配合地方政府参与征地或临时占地的补偿谈判，且征地过程中常常存在暗箱操作，利益更多被权势者获取，最终造成实际受影响最多、受损失最大的农牧民所获补偿很少（钱忠好，2004；钱忠好，牟燕，2015；程雪阳，2014；程宏伟 等，2011；万朝林，2003；王小映，2003；顾玉林，2004；华生，2014；周其仁，2004；刘守英，2013；蔡继明，2005；国土资源部征地制度改革研究课题组，2003）。因此，现行补偿政策造成的结果往往是，实际受损农牧户没有法律许可的土地转让权和还价权，无法运用市场机制来配置土地等自然资源、维护自身利益，最终只得通过上访甚至采取超越现行体制许可的其他集体行动，来影响补偿额的最后决定，增加对方的征地执行成本，这也很大程度上造成了生产和交易的低效率（胡健，吴文洁，2007）。

上述这些研究将政策出现的问题归咎于土地产权制度的问题，认为现有土地集体产权制度权能的弱势和权利主体的模糊，妨碍了农牧民在矿产资源开发过程中就被占用的土地和生产遭受的损失寻求有效补偿（曾杰 等，2014；高新才，斯丽，2011；张伟，2003）。

集体土地所有权权能的弱势表现在土地最终的处分权和收益权得不到保障。我国法律规定，农村集体经济组织对其所有的土地不得买卖或以其他形式非法转让，集体所有的土地只有经国家征用转为国有土地后才能出让、转让（华生，2014）。这种单向转移不仅使集体土地所有者失去了土地的处分权，同时也导致被占地农牧民在这一过程中所获的补偿仅为原农牧业用途产值的10至16倍，而非符合市场价值的补偿数额。这本质上是国家凭借立法权、行政权与集体争夺经济利益，对集体土地所有者利益的一种变相占有，导致集体土地产权所有人的主体地位无从体现（Ho，2006；华生，2014；周其仁，2004；贺雪峰，2013；王步峰，2005）。农地产权残缺为政府利用自身的强势地位，采用低价征地以及其他种种办法，最大限度地获取土地资源的增值收益创造了条件（周其仁，2004；蔡继明，2005；国家发展和改革委员会宏观经济研究院，2010；廖富洲，2004；王莹，2004）。

权利主体模糊体现在：一方面，现行农村土地集体所有、农户经营使用的双层结构，为各级政府以“所有者”名义占有农牧民的土地使用权及分享土地收益留下了制度空间（乔小雨，2010；刘守英，2000，2013）；另一方面，集体内部土地收益权与处分权在各主体之间没有界定清楚，导致集体与作为集体主人的农牧民在利益关系上的模糊。而在模糊的权利空间当中，集体组织或者领导、精英便会利用自身优势参与压低、截留征地补偿款甚至直接占用土地（Ho，2006；华生，2014；周其仁，2004；韩俊，1999）。

（二）补偿政策在实践运作中的效果：田野调查发现

从上述学界观点可见，目前针对矿产资源开发中农牧民所获补偿的政策效果及其成因来说，大量学者将矛头指向补偿背后的农村土地集体所有制下农牧民弱势的权利、模糊的权利关系。也因此，大量学者认为进一步明晰和强化农牧户个体对于土地资源的财产权利是保障农牧户利益的关键所在（钱忠好，牟燕，2015；程雪阳，2014；周其仁，2004；林毅夫，2004；李元，2001；RDI，2004；蔡继明，2005）。

然而，在一些地区，现实状况可能不如大量学者所推崇的所谓的“产权私有化改革”思路所预想的那样乐观。比如本研究在田野调查中发现，在我国干旱半干旱区的一些进行了矿产资源开发的区域，当地的草场均已承包到户，矿产资源开采方对所占用草场的补偿就是按照清晰到户的草场承包经营权来进行分配，但分配的结果仍存在一定争议。

以本研究所调查的案例地之一——内蒙古鄂尔多斯市E旗的三处案例村为例，当地草场的承包经营权在20世纪90年代末已经清晰分包到户，在煤矿资源开采区域，针对开采方占用和破坏的大量草场，当地政府与煤矿企业协商制定了一系列面向被占地农牧户的补偿。补偿的分配则是以当地清晰划分到户的草场承包经营权为基础，草场遭到占用和破坏的农牧户可以根据其草场被占用或者塌陷的面积，草场上水井、房屋等损毁情况，从采矿企业处获得相应的补偿，村集体在这一过程中并不参与对补偿款的分配。但是，争议出现在，煤矿开采活动除了占用大面积草场外，还造成了地下水减损、污染以及扬尘污染等问题。但当前建立在农牧户个体的承包经营权基础上的补偿机制，似乎只代表了那些草场被直接占用和破坏的农牧户群体利益，村集体内部其他没有被采矿企业占用土地，但却因煤矿开采造成的地下水减损、污染以及扬尘污染等遭受损失的农牧户，其利益在以发包到户的草场承包经营权为基础的补偿机制下，并没有得到有效保障，由此引发了这一群体对目前当地补偿政策的不满。

在另一个调研案例地——内蒙古阿拉善盟A旗的一处案例嘎查（蒙古语，与行政村平级），当地草场的承包经营权同样是在20

世纪90年代末已经清晰划分到户。当地进行的主要是铁矿资源开采及初加工，在草场承包经营权归牧户所有的背景下，直接受到铁矿开采活动影响的牧户可以根据其草场被占用和破坏的情况，与铁矿资源开采方就补偿进行协商，此过程中嘎查（村）集体、嘎查领导或者当地镇政府并不参与对补偿标准的具体协商议定，以及补偿款的分配。但是，争议出现在，该嘎查范围内紧密分布着11家铁矿场，尽管不同铁矿场所占用的草场边界是可以清晰划分的，但是铁矿资源开采过程中所造成的地下水污染及其连带影响则在空间上相互交错、重叠，牧户会受到直接占用自家草场的铁矿场开采活动的影响，也可能同时受到相邻或相近铁矿场的影响，这种整体性、复杂性的影响导致了牧户想要厘清自己生产和生活所受影响的具体责任方，会面临高昂的交易成本。而当地建立在以户为单位的草场承包经营权基础上的补偿机制，难以有效体现出铁矿资源开采的这类影响的整体性和复杂性，这为11家铁矿开采方推卸责任、压低补偿创造了空间。

第三节　研究问题提出

一、现实问题的提出

从上述第二节所述的政策效果来看，大量学者认为，目前矿产资源开发过程中对受影响农牧民的补偿政策，其问题的根源在于农牧户个体对于土地的权利不够清晰、不够强化，同时农牧户个体与村集体之间的利益关系存在模糊空间，因此导致农牧民个体的生产和生活因矿产资源开采遭受利益损失后，难以通过清晰的产权及有效的市场机制来保障自身的利益。

然而，这种对政策效果的认识与本研究在田野调查中发现的情况并不完全一致，在两处调查案例中，村（嘎查）集体在集体所有制下对土地的权利实际上并没有发挥作用，当地针对受采矿活动影响的农牧户的补偿机制，主要是建立在已经清晰发包到户的草场承包经营权的基础上，即“占了谁的地谁就有补偿”。随着我国相关政策及社会整体对于农牧民个体的土地财产权利重视程度的不断加强，在大量进行了矿产资源开发的地区，与案例地类似的以农牧户个体的土地承包经营权为基础来构建补偿机制的做法，已经逐渐成为一种普遍的做法。但在本研究的两处干旱半干旱区的案例中，基于农牧户个体的草场承包经营权而建立的补偿机制，在体现资源环境和农牧户生产所受影响的整体性和复杂性方面，存在着一定的局限性，由此也造成了对农牧户个体权益保障的不足。

因此本书认为，现有矿产资源开发中农牧民的利益补偿政策亟待讨论的是，以农牧户个体拥有的草场产权为基础建立的补偿机制，是否能够有效代表干旱半干旱区农牧户的利益受损。由此提出本研究尝试回答的现实问题，即：在干旱半干旱区的矿产资源开发过程中，建立在已经发包到户的农牧户草场承包经营权基础上的补偿机制，是否能够为受影响的农牧户获取有效补偿提供制度保障？

二、理论预设及理论问题的提出

该现实问题背后的理论预设是，干旱半干旱草原生态系统作为一个整体，其内部各部分之间存在紧密的耦合关系，其内部不同的农牧户依靠自家草场进行农牧业生产并获取利益的过程并不是相互独立的，而是彼此关联并嵌套在整个系统中的。同时，由于干旱半干旱草原生态系统的结构和功能的脆弱性较高、稳定性较低，对外部因素干扰（比如人类活动）较为敏感（Li et al., 2021），当系统受到矿产资源开采活动影响时，所表现出的影响并不会局限在特定的某一区域、或特定的某一部分上。

基于此，某一采矿方对系统的影响是一种整体性、复杂性的影响，不会仅局限在其占地范围内，未被其占用土地的农牧户的生产和生活也同样可能受到影响，但这种影响的边界并不能像土地产权边界一样容易清晰划定。在这种情况下，单纯以农牧户个体的草场承包经营权为基础而建立的补偿机制并不一定能够奏效。

相比之下，草场上的地下水、植被等资源及农牧户的生产和生活所受影响，以集体权利作为主体可能会更有效地代表其所受影响的整体性、复杂性。集体产权在保障农牧户个体利益方面所发挥的作用，可能并不仅仅是个体权利的简单加和。只注重个体权利的强化、而忽略集体权利所能发挥的作用，可能是导致案例地一部分农牧户的个体利益受损得不到有效保障的本质原因。

在这里，本研究将农牧户依靠自己所拥有的草场，以及依附于草场的其他自然资源和生态服务来从事农牧业生产并获取利益，视为农牧户的权益。此处所提及的权益，在相关学术文献中的界定主要为：权利人在正式法律和非正式规则下，依托产权赋予的物质财产所获得的实际利益，其在英文中所对应的单词为“entitlement”，与之相对应的是产权所赋予的物质财产本身“endowment”，下文称之为“禀赋”。将对物质财产的权利和从物质财产中所获得的实际利益这二者区分开来，是环境资源管理领域的一个重要视角，也是本研究的关键性创新思路，相关思路将在第二章、第三章详细展开论述。

基于此，本研究试图回答的核心理论问题，可归结为：在干旱半干旱区矿产资源开发中，农牧户的个体权益的保障与草场产权配置之间的关系是什么？农牧户个体权益受损且得不到有效保障，仅仅是因为农牧户个体对草场拥有的财产权利不够强化，还是因为只关注了对农牧户个体权利的行使，却忽视了集体权利在这一过程中所应发挥的作用？

第四节　研究综述——土地产权配置对农牧户个体权益保障的影响

将视野拉长到整个近现代西方的工业化城镇化进程来看，尽管西方的土地征收制度一直在调整中，但其核心一直都是如何在保护私人土地财产权与推动工业化城镇化顺利进行之间寻找平衡（甘藏春，2021）。

近代意义的土地征收制度最先在法国建立，属于资产阶级革命反抗封建专制统治取得胜利的产物。法国大革命的纲领性文件《人权和公民权宣言》中第十七条规定“人民私有财产权为神圣不可侵犯的权利，非依法律认定为公共需要，并先履行公平补偿，不得加以剥夺”。而后《1791年宪法》在序言中又再次重申了这一原则。1804年法国《民法单》正式启用，第五百四十五条规定了“所有权权能依先行补偿而加以剥夺”。

在我国，土地等自然资源的权利同样是保障农牧民实际利益的核心权利，在“三农”问题上处于核心位置（陈锡文，2012）。现阶段诸如农用地经营的形式和规模，以及征收农牧民集体土地、农村建设用地等涉及农牧民权益的问题都与个体、集体之间的财产权利关系密切相关，相关研究从不同角度对个体和集体权利对农牧民权益的影响进行了研究。

一、观点1：农牧户个体拥有的土地财产权利不足导致其权益保障不足

受西方市场经济思想和制度的影响，现有相当一部分文章强调随着我国市场经济制度的不断完善，为保障农牧民的权益，应该更加注重对农牧民个体所拥有的土地权利的扩展和保护（郭明瑞，2012；杨海坤，2012）。

我国集体所有制主要是来源于20世纪50年代不断升级的合作化运动，最初是试图消灭农民产权即剩余权的激励机制来加快国家工业化进程。但该模式下经济效率的低下和人民生活水平的缓慢提高导致了模式的失败（周其仁，2004）。而后，统分结合的家庭承包经营制成为农村集体所有制的主要组成部分，这也是不适应生产力发展且已被历史证明失败的合作化运动和人民公社制度的自发革命（张路雄，2012；李怀印，2010）。家庭联产承包责任制的推行使得广大农牧民拥有了私有的土地使用权，其经济自由权利得到了一定程度的提高，但农民集体对于土地等自然资源有多大权利，最终还是由国家决定，农牧民自身并无选择权和决策权。尽管如此，我国政府在1986年之后的历次《土地管理法》修订中，并没有对集体所有制进行多少改动。一些学者认为此举是政府希望通过维持集体土地所有权的模糊性，在社会经济和法律的不断发展过程中能够化解各级集体（村小组、行政村和乡镇）以及不同群体之间的矛盾（Ho，2006；Dicks，1995）。但这样一种安排长期以来阻碍了农牧民从我国快速的工业化、城市

化中分享利益，并且为一些地方政府、村集体、地方精英占有普通农牧民利益创造了制度空间。故而大量学者认为，在处理土地等自然资源问题上集体与农牧民个体的权益关系时，应当进一步弱化甚至取消集体权利，强化并明晰个体的权利，尤其是农牧民个体在土地资源转让时获利的权利（钱忠好，牟燕，2015；程雪阳，2014；周其仁，2004；林毅夫，2004；王莹，2004；李元，2001）。

在强化农牧民个体拥有的土地权利的具体方式上，主要形成了如下三类观点。

第一类观点认为，应当直接终止集体所有制这种有缺陷的制度，实行土地私有化。这类研究认为，既然大家都同意关键问题在于保护农牧民的权利，主要指财产权，则不如干脆实行土地私有，这是最有效、最直截了当和最可靠的保护。因为这种做法下脱去了所有外力强加的不必要外衣，土地归农，农牧民自然会以最符合自己利益的方式去使用和处置它，根本不用外人去操心。土地归农是最彻底的保护农牧民权益和尊重农牧民意愿的制度安排，也是为大多数国家所采纳和证明了的成功制度（周其仁，2004；蔡继明，2005；刘守英，2013；程雪阳，2014）。

第二类观点认为，应当对集体土地实行土地国有化，并在此背景下，进一步强化农牧户对于土地的实际占有和转用获益的权利，包括使用、出租流转和抵押转让出售的权利，保障土地在符合规划的用途转换中由开发商直接与农牧户进行谈判，保障级差收益归农牧户所有，即让土地的法律所有权归国家，而经济所有权归农牧民。这部分学者认为，既然土地归属决策本来就是国家说了算，宣布土地国有就名副其实了。土地的集体所有制存在不稳定性，实际上很难保证农牧民承包土地的永久不变。如果实行土地的国家所有，农牧户永久使用，由国家机关确权发证，权威性就会大大增强。这其实是用法律形式强化了农牧户个体的排他使用权和各种土地权利，以此保障了农牧民的权益。土地国有化的另一个优点在于统一了城乡土地制度，使城乡居民的土地权利平等化。实际上实行土地国有的国家和地区，并没有影响土地产权的私有占用、流转和保护，以及产权的有效性和市场效率（华生，2014；陈柏峰，2012）。

第三类观点认为，应当在矿产资源开发过程中，赋予农牧民剩余索取权。这方面研究认为，尽管《矿产资源法》明确规定了“地表或者地下的矿产资源的国家所有权，不因其所依附的土地的所有权或者使用权的不同而改变”，但是，为了保护农牧民的利益，从投入与产出的收益理论来看，在矿产资源开采过程中，企业投入了资本、当地农牧民则投入了土地，因此农牧民应当获取部分剩余索取权（达林太，于洪霞，2014）。这类观点还认为国家应当加快推进干旱半干旱区农民通过草场等资源以股份制方式参与矿产资源收入的分配。

总结上述观点，可以发现目前大量学者对于农牧户个体的土地财产权利的支持，和对集体权利的反对的本质原因，主要是认为集体所有制这种诞生于农业合作化运动时期的产权模式，已经与我国市场经济快速发展下的生产力不相匹配，尽管家庭联产承包责任制的推行使得农牧民在土地上拥有了一定的经济自由权利，但集体权利的存在造成了失地农牧民个体权益的受损，并且阻碍了农牧民从工业化、城镇化进程中分享利益。因此，在调整集体权利和农牧民个体权利关系这一问题上，应当进一步明晰和强化个体的权利、弱化集体的权利。

二、观点2：个体与集体的土地财产权利失衡导致个体权益保障不足

尽管大量研究关注强化和保护农牧民个体的土地财产权利，仍有少部分研究认为，实际上农牧民集体在维护农牧民土地资源的权益方面发挥了不可替代的作用，农牧民的权益与农牧民所处的社会网络、社会组织之间存在着重要的联系。这些研究认为，目前所实行的家庭联产承包责任制度尽管在形式上看似仍然以集体为主，但本质上已经更重视农牧民个体的主观能动性和作用的发挥，甚至在一些地方，原本统分结合（集体所有、农户使用）的结构变成了分多统少甚至只分不统的局面，统分在结构比例上明显失衡。而事实上，在《土地管理法》和《民法典》中均有对集体土地财产权利的界定（如表1–3所示）。

表1–3　《土地管理法》《民法典》对村集体经济组织或者村民委员会土地财产权利的规定

《中华人民共和国土地管理法》第三次修订版（2019年8月）	第十一条 农民集体所有的土地依法属于村农民集体所有的，由村集体经济组织或者村民委员会经营、管理；已经分别属于村内两个以上农村集体经济组织的农民集体所有的，由村内各该农村集体经济组织或者村民小组经营、管理；已经属于乡（镇）农民集体所有的，由乡（镇）农村集体经济组织经营、管理

（续表）

《中华人民共和国民法典》 （2020年5月）	第二百六十一条 农民集体所有的不动产和动产，属于本集体成员集体所有 下列事项应当依照法定程序经本集体成员决定： （一）土地承包方案以及将土地发包给本集体以外的组织或者个人承包 （二）个别土地承包经营权人之间承包地的调整 （三）土地补偿费等费用的使用、分配办法 （四）集体出资的企业的所有权变动等事项 （五）法律规定的其他事项
《中华人民共和国民法典》 （2020年5月）	第二百六十二条 对于集体所有的土地和森林、山岭、草原、荒地、滩涂等，依照下列规定行使所有权： （一）属于村农民集体所有的，由村集体经济组织或者村民委员会依法代表集体行使所有权 （二）分别属于村内两个以上农民集体所有的，由村内各该集体经济组织或者村民小组依法代表集体行使所有权 （三）属于乡镇农民集体所有的，由乡镇集体经济组织代表集体行使所有权

现行制度强调农牧民个体承包经营土地的权利，但对农牧民所应承担的义务没有给予足够关注，集体与个体之间权利义务的失衡实际上也是导致部分农牧民土地等资源财产权益遭到侵害、贫富分化的重要原因（王大伟，2012；马良灿，2012；王晓毅，2009）。而目前为大量学者所诟病的，即集体在实际运作中所出现的各种问题，比如农村集体经济组织及村民自治组织的负责人贪污腐败问题，本质上更多属于政策执行操作层面的问题，故而这些方面的负面问题不应成为否定其本身正当存在的理由（耿卓，2014；陈小君，陆剑，2013）。因此，这些研究强调，集体权利并不是个体权利的简单加和，集体权利对于农牧民权益的重要意义体现在如下4个方面。

（1）农牧民个体权益的维护离不开集体的作为，现阶段我国农牧民受制于其所掌握资源、信息渠道和文化知识的限制，仍是一个弱势群体，这决定了当农牧民个体在难以达到预期维权目标时，必须通过所在的集体组织进行维权（刘义强，2004）。从这一角度出发，农牧民应该拥有一个具有谈判和自我保护的组织，有自己的代表和代理人，而现行制度框架下农村集体作为这样的一个代表和代理人是具有正当性的（杜润生，2005；唐浩，2012）。故而法律应通过相应的制度设计，来使以经济联合为主要导向的集体发展起来，从而真正担负起维护农牧民合法权益的现实使命（黄坚，2008）。

（2）集体权利能够助力农牧民个体实际利益（权益）的增加与权利扩展，同时防止利益增加过程中出现的农牧民群体间的贫富分化（王晓毅，2009）。一方面，集体权利的存在有助于发挥规模效应，从而增强集体的经济实力，进而惠及作为集体成员的农牧民，这表现在集体权利能够从事个体权利所不能及、不愿及的事业，尤其是在大规模基础设施建设方面，从而为农牧业生产、农牧民生活及农牧区稳定发展提供基本的物质基础，实现和保障农牧民的权益（林翊，2009）。另一方面，集体权利的存在避免了在城镇化、市场化快速发展过程中出现的土地兼并和贫富分化，比如部分牧区在牲畜和草场承包以后，牧民之间的贫富分化开始加剧，一些牧户占有了更多的资源，增加了牲畜，另外一些牧户则成为无畜户或少畜户（王晓毅，2009）。因此集体权利的存在对传统小农经济向现代农业经济和组织的过渡具有积极意义（华生，2014）。

（3）集体所有制能够为农牧民个体提供基本的社会保障功能。土地作为特殊的生产要素，通常具有基本生产资料职能、财产职能，以及社会保障和失业保险职能。具体发挥某项职能取决于当地的社会经济发展水平以及资源本身的相对稀缺程度，同时不同产权制度安排也会对土地所发挥的职能及其转换产生影响（杨成林、何自力，2011）。就我国而言，土地（林地、草场）首先发挥的是基本生产资料职能，进而是社会保障和失业保险职能，这一点在我国农牧民社会保障体系尚不完善的情况下显得尤为重要（Xu，2009；陈建波，2001；杨成林、何自力，2011；陈锡文，2005，2009）。现阶段若对土地资源实行完全的私有化，土地资源的职能转换将不存在任何制度性约束，何种职能被发挥只取决于农牧民自身的偏好。这种情况下很可能出现的是，在城镇化、工业化快速发展过程中，农牧民对土地等自然资源所提供的一次性收益的偏好强于其提供持久收入流和社会保障的偏好，故而农牧民会将土地以要素商品或个人财产的形式出售，而后从事其他行业生产。而如若这种后续的生产方式被经济危机等因素打断，农牧民又无法回到土地上进行生产，必然会对整个社会的稳定带来冲击。相比之下，在集体所有制下，土地资源为农牧民提供了一种退回机制，能够在经济下行时吸收失业农牧民、减缓经济波动，维护农村和整个社会稳定（温铁军，2014；陈锡文，2005，2009；张车伟，王智勇，2009），这表现为失业农牧民返乡时仍然可以从事基本的农牧业生产。故而在现实情况下，须慎重对待集体所有制，盲目打破集体所有制下的统分结构，实行私有化可能会造成农牧民个体权益的受损，且为社会的不稳定埋下隐患（Xu，

2009；陈锡文，2005，2009；温铁军，2014；黄少安，2009）。

（4）除上述研究观点之外，还有少部分研究注意到农牧民所处的社会生态系统的复杂性会对土地等自然资源的产权配置效果所产生的影响（Fan et al.，2015；Yin & Zhao，2012；王晓毅，2009；韩念勇，2011）。这方面的研究尤其集中于干旱半干旱区草场资源的产权配置领域，认为目前经济学领域内的产权配置相关理论对个体土地财产权利的强调，缺乏对干旱半干旱区草原社会生态系统背景的了解。过度注重对个体的土地财产权利的配置，会简化社会、生态之间复杂的相互作用，进而带来一些负面影响（Fan et al.，2015；Li & Li，2012）。比如王晓毅（2009）对草场承包到户政策实施前后牧户的生产状况变化进行了分析，发现在草场承包之前，集体仍保持对草场的整体使用权，集体组织内部的合作成为解决一些牧户单独无法克服生产困难的重要保障，例如接羔的时候单个家庭劳动力不足、灾害发生时候牧民需要通过远距离游牧来躲避灾害。而在草场承包到户后，个体土地财产权利的强化使得每个家庭构成了一个独立的生产单位，集体组织对草场的控制力被削弱，社会组织内部的合作迅速衰退。进而导致少量富裕牧户围封了自己的草场、修建了棚圈、打了水井、购买了生产机械、开垦了饲料田；相比之下，贫困家庭因为没有足够的资金，往往任自己的草场被别人利用，个体权益得不到保障。韩念勇（2011）认为，所谓“放牧单元”是一个由人草畜及环境总体构成的“草牧系统”，而草原承包制度实际上是将放牧系统单元人为地“压缩”到牧户家庭规模，导致了牧户的经济收益单元边界与生态单元边界出现严重的不重合现象，不但严重阻碍了牲畜的正常采食，还引发了草场退化，造成了牧户权益的受损。

总结上述观点，可以发现，关于集体与个体在土地财产权利上的失衡对农牧民权益造成的影响，现有的四个方面的观点可以大致上分为两大类，前三个方面的观点可以被归为一类，第四个方面的观点单独为一类。

具体而言，持有第一类观点的研究在数量上占了绝大部分，主要是从我国现阶段的基本国情和社会经济发展状况出发，对农牧民个体层面土地权利是否应进一步强化、土地私有化改革的条件是否成熟等问题进行探讨，认为在现阶段农牧民群体仍处于弱势地位的情况下，不能忽略集体权利在市场化、城镇化快速发展背景下对个体权益维护、规模化发展、防止土地资源兼并和贫富分化方面的保障作用，以及集体权利能够在我国社会保障不健全的情况下为农牧民提供养老和失业保险的功能。

相比之下，第二类观点则是从将干旱半干旱区草原社会生态系统作为一个复杂整体的思路出发，对既有的仅从经济系统出发的土地产权配置方面的理论研究存在的局限性进行反思。尽管目前这类的研究较少，但是其对干旱半干旱区农牧民的生产特性及其所处社会网络、生态系统特点的认识，为理解个体和集体土地财产权利配置对农牧民个体权益的影响等方面提供了新的视角，其更加强调在配置草场产权时，要注重财产权利与农牧民所在的社会网络、生态系统之间的耦合关系。

上述内容具体参见表1–4所示。

表1–4　土地产权配置对农牧户个体权益保障的影响相关研究观点梳理

产权配置优化方向	具体观点	专家学者
农牧户个体拥有的土地财产权利不足导致其权益保障不足，因此应强化和拓展农牧民个体对土地的财产权利	1.直接终止集体所有制这种有缺陷的制度，实行土地私有化。土地归农是最彻底的保护农牧民权益和尊重农牧民意愿的制度安排	周其仁，2004；蔡继明，2005；刘守英，2013；程雪阳，2014
	2.实行土地的国家所有，农牧户永久使用，保障土地在符合规划的用途转换中由开发商直接与农牧户进行谈判，保障级差收益归农牧户所有。同时也统一了城乡土地制度，使城乡居民的土地权利平等化	华生，2014；陈柏峰，2012
	3.从投入与产出的收益理论来看，在矿产资源开采过程中，企业投入了资本、当地农牧民则投入了土地，因此农牧民应当获取部分剩余索取权	达林太、于洪霞，2014
个体与集体的土地财产权利失衡导致个体权益保障不足，因此应关注集体土地财产权利在保障农牧户权益方面的作用	1.现阶段我国农牧民仍是弱势群体，农牧民个体在难以达到预期维权目标时，须通过所在的集体组织进行维权	刘义强，2004；杜润生，2005；唐浩，2012；黄坚，2008
	2.集体权利有助于发挥规模效应，助力农牧民个体实际利益（权益）的增加、权利的扩展，同时防止利益增加过程中出现的农牧民群体间的贫富分化	王晓毅，2009；林翊，2009；华生，2014
	3.集体所有制能够为农牧民个体提供基本的社会保障功能，能够在经济下行时吸收失业农牧民、减缓经济波动，维护农村和整个社会稳定	温铁军，2014；陈锡文，2005、2009；张车伟、王智勇，2009；Xu，2009；陈建波，2001；杨成林、何自力，2011

（续表）

产权配置优化方向	具体观点	专家学者
个体与集体的土地财产权利失衡导致个体权益保障不足，因此应关注集体土地财产权利在保障农牧户权益方面的作用	4.结合干旱半干旱区草原社会生态系统的特性，过度注重对个体的土地财产权利的配置，会简化了社会、生态之间的复杂的相互作用，出现经济收益单元边界与生态单元边界严重的不重合问题	Fan et al.，2015；Yin & Zhao，2012；王晓毅，2009；韩念勇，2011；Li & Li，2012

三、现有研究不足

现有研究在个体、集体的土地财产权利配置对农牧民权益的保障和影响方面进行了大量的探讨，但也存在一些不足。

首先，支持农牧民个体土地财产权利应进一步得到强化方面的研究，实际上难以有效地解释本研究在田野调查的案例地所发现的问题。上述案例中，村（嘎查）集体对土地的财产权利并没有发挥作用，补偿机制主要是以已经清晰发包到户的草场承包经营权为基础，类似的方式是目前矿产资源开发过程中对利益受损农牧民进行补偿所采取的普遍模式。但在鄂尔多斯市的案例中，基于农牧户个体的草场承包经营权所建立的补偿机制可能并不能有效代表全部实际受到煤矿资源开采影响的农牧户群体范围；而在阿拉善盟的案例中，铁矿资源开采活动对当地牧户的畜牧业生产和生活所造成的整体性、复杂性影响，可能并不能通过牧户个体拥有的草场承包经营权来界定。

其次，强调集体权利在保障农牧民权益方面具有重要意义的研究中，虽然有少量研究注意到了在对产权进行配置过程中，应重点关注农牧民的个体权益与其所在社会生态系统之间的复杂耦合关系，以及这种关系对草场（土地）产权配置效率所造成的影响。尤其是在干旱半干旱区，这部分研究强调了草原社会生态系统作为一个整体，内部社会子系统和生态子系统之间存在着复杂的相互作用，维持这样一个系统的整体性对于保障农牧民个体权益而言具有重要意义。但这方面研究并没有给出有效的研究方法和分析框架，同时分析领域仍局限于农牧业生产范围内，对于工业化、城镇化过程中农牧民的个体权益受损与草场（土地）产权配置之间的关系，缺乏具体的现实和理论层面研究证据支撑。

最后，除了上述少部分研究之外，其他大部分强调集体土地财产权利重要意义的研究，虽然注意到了在快速市场化、城镇化和工业化过程中，集体土地所有制在稳固农牧民权益方面的作用。但这些研究更多只是从现阶段基本国情的视角出发，对农牧民的个体土地财产权利进一步强化或私有化的社会条件是否成熟，以及这种条件不具备时推行私有化所带来的负面影响等进行讨论。这些研究背后的思路逻辑是，在社会经济进一步发展、相应配套措施进一步完善后，可以再有条件地考虑进一步加强农牧民个体权利。因此这部分研究的不足在于，并没有结合农牧民的生产特性，及其所在的社会生态系统特点，从理论层面来正面讨论个体和集体土地财产权利在反映农牧民权益所受影响，以及权益保障方面的适用性。

总之，在干旱半干旱区矿产资源开发造成当地农牧户权益受损的过程中，农牧户的草场产权配置是构建补偿机制的基础。通过对现有研究进展及其不足等的梳理可见，仅从经济系统出发关注草场财产权利本身是不够的，还应当结合干旱半干旱区农牧民的生产特性，及其所处的社会网络和生态系统的特点，来分析矿产资源开发过程中个体和集体的草场财产权利与农牧户个体权益所受影响之间的关系。

第五节　研究目的、内容及方法

一、研究目的

本书的主要研究目的有如下三方面。

一是结合案例调研，对本研究所提出的现实问题进行回答，即：在干旱半干旱区矿产资源开发过程中，建立在已经发包到户的农牧户草场承包经营权基础上的补偿机制，是否能够为受影响的农牧户获取有效补偿提供制度保障？

二是基于对现实问题研究的结论，通过所构建的农牧户个体产权和权益概念分析框架，从理论层面探讨案例地农牧户在现有补偿机制下的受损权益未得到有效补偿的原因。厘清这一原因，究竟是因为农牧户个体层面所拥有的草场财产权利仍有待于进一步强化和扩展？还是因为在这个过程中，只关注了对农牧户个体草场财产权利的行使，忽略了村（嘎查）集体组织对草场（土地）的财产权利所应发挥的作用？

三是在矿产资源开发中，为保障农牧户个体的权益受损得到有效补偿，应当如何对农牧户个体和集体的草场（土地）财产权利进行配置？

二、研究内容及方法

首先，针对本书所提出的现实问题“在干旱半干旱区矿产资源开发过程中，建立在已经发包到户的农牧户草场承包经营权基础上的补偿机制，是否能够为受影响的农牧户获取有效补偿提供制度保障”，以案例地的田野调查现状为基础，主要从“对农牧户的草场（土地）所受破坏及生产所受损失予以充分补偿，保障农牧户生计水平不下降”这一原则出发，对案例地的农牧户所获补偿是否有效进行衡量，即分析案例地的农牧户在矿产资源开发后所获得的补偿数额，是否能够覆盖其生产和生活所遭受到的损失，以确保生计稳定。相关研究内容体现在本书第四章中。

其次，理论分析框架构建方面，先梳理了新自由主义经济下自然资源产权配置方面的理论研究进展，进而总结法学和生态学对新自由主义经济下所推行的私有化和市场化的理论质疑，将关注点从土地的财产权利本身转移到关注权利同社会、生态网络之间的复杂关系，相关内容体现在本书第二章中。在此基础上，从权利与社会、生态网络之间的关系出发，分析产权相关理论的发展过程，提出权益理论将个体所拥有的权利（endowment）与权益（entitlement）分开，这有助于理解干旱半干旱区的矿产资源开发过程中，农牧户个体的生产和生活所受损失与其所在的社会组织、生态系统之间的复杂耦合关系，并以此建立“干旱半干旱区矿产资源开发对农牧户个体的草场产权和权益影响分析框架”。相应内容体现在本书第三章中。

最后，根据所建立的理论分析框架，深入研究在干旱半干旱区矿产资源开发过程中，农牧户的个体权益所受影响及其保障与草场产权配置之间的关系，对基于田野调查发现得到的现实问题结论进行理论层面的剖析，讨论在矿产资源开发过程中农牧户受损的权益得不到保障，仅仅是由于农牧户个体层面所拥有的土地财产权利（草场承包经营权）仍有待于进一步强化和拓展，还是由于这个过程中仅关注了农牧户个体层面的土地财产权利的行使和保障，却忽略了村（嘎查）集体组织对于草场（土地）所拥有的财产权利作用的发挥？在矿产资源开发中，为保障农牧户个体受损的权益得到有效补偿，应当如何充分认识农牧户个体和集体的草场财产权利在代表个体权益受损方面的作用，并基于此构建怎样的补偿机制？这部分内容主要体现在本书第五章中。

三、研究的理论意义

本书研究的现实意义在于，西北干旱半干旱区作为我国能矿资源富集区，在保障国家能源安全方面承担了重要的战略角色，但同时对能矿资源的大规模开发利用也给开发地的资源环境造成了严重破坏，给当地农牧民的生产和生活造成严重损失。

目前大量政策改进研究认为，强化农牧民个体层面的土地财产权利是保障农牧民获得公平有效补偿、协调农牧民与矿产资源开采方之间关系的关键，现有补偿措施造成问题的原因在于当前集体所有土地仅限于农牧业用途的这一规定，限制了补偿标准的提高，同时集体所有、农牧户使用的二元结构为集体过多参与补偿分配创造了空间，因此应当进一步强化农牧民个体层面的土地财产权利。而在实际中，目前在进行了矿产资源开采活动的地区，普遍采取的做法是，以发包到户的草场承包经营权为基础建立补偿机制，村集体组织不再过多介入补偿的协商和分配当中，但此举并没有缓解受影响农牧户与矿产资源开采方之间的矛盾纠纷。由此可见，现有政策改进的相关研究并不能为现实中存在的问题提供有效解决思路。

因此，本书对干旱半干旱区矿产资源开发过程中，目前基于农牧户个体的草场承包经营权所建立的补偿机制是否能够为农牧户获取有效补偿提供制度保障，以及这个过程中农牧户个体和集体的草场财产权利在代表个体权益受损时的有效性等问题进行研究，回答了基于田野调查发现所提出的现实问题，更为重要的是，有如下两方面的理论意义。

一是目前认为强化个体层面的土地财产权利能够为农牧民权益提供有效保障的研究无法为本研究田野调查中发现的问题提供有效的理论解释。同时，尽管目前有部分研究认识到在工业化、城镇化快进程中，集体层面的土地财产权利能够在保障农牧民个体权益方面发挥积极作用，但这些研究中绝大部分都只是从现阶段基本国情出发，针对在经济社会系统内部对农牧民个体的土地财产权利进一步强化的条件是否成熟进行讨论，所暗含的思路是——当经济社会进一步发展、相应条件得到满足时便可以有条件地推进。可见，在对农牧民个体权益的保障方面，个体和集体层面的土地财产权利所发挥作用的本质不同是什么？对于这样一个问题的系统性理论解释，现有研究是相对欠缺的。因此，本书试图从干旱半干旱区草原特定的生产特性和社会生态系统的复杂性、整体性角度出发，分析集体和农牧户个体层面的土地财产权利与农牧户个体权益所受影响及其保障之间的关系，为矿产资源开发过程乃至工业化过程中农牧户的个体权益保障与土地财产权利配置间的关系提供新的理论研究视角。

二是在强调集体层面的土地财产权利对于保障农牧民权益具有重要意义的研究中，尽管有少量研究提出了要重视社会生态系统的整体性和复杂性，关注农牧户个体的生产和生活与其所处的社会生态系统间的耦合关系和相互作用，以及这些作用对土地财产权利配置效率所产生的影响。但这些研究没能提供有效的研究方法，且分析领域仍局限于农牧业生产范围内。在目前干旱半干旱区工业化、城镇化的背景下，本书试图通过权益（entitlement）理论来建立相关理论分析框架，为矿产资源开发造成农牧民个体权益受损过程中，农牧民的草场财产权利配置对保障受损权益得到有效补偿方面所能发挥的作用，提供新的理论分析方法。

四、研究方案路线图

针对田野调查中发现的干旱半干旱区矿产资源开发中农牧民利益补偿存在的实际问题，书中讨论案例地以农牧户个体拥有的草场承包经营权为基础建立的补偿机制的政策效果，梳理并提炼其中的学术问题，并对其进行研究。

在权益理论的指导下，构建农牧户草场资源权利和权益所受影响的分析框架，在对案例地矿产资源开发对自然资源和农牧户的生产和生活造成的影响，以及受影响农牧户实际所获补偿情况进行分析的基础上，结合权益理论构建“干旱半干旱区矿产资源开发对农牧户个体的草场产权和权益影响的分析框架”，基于此分析框架对案例地受到矿产开发影响的农牧户的个体权益与草场财产权利之间的关系进行理论分析，剖析以个体权利为基础的交换机制和以集体权利为基础的再分配机制的本质区别，最后提出相应的政策优化思路。具体的研究技术路线图参见1–1所示。

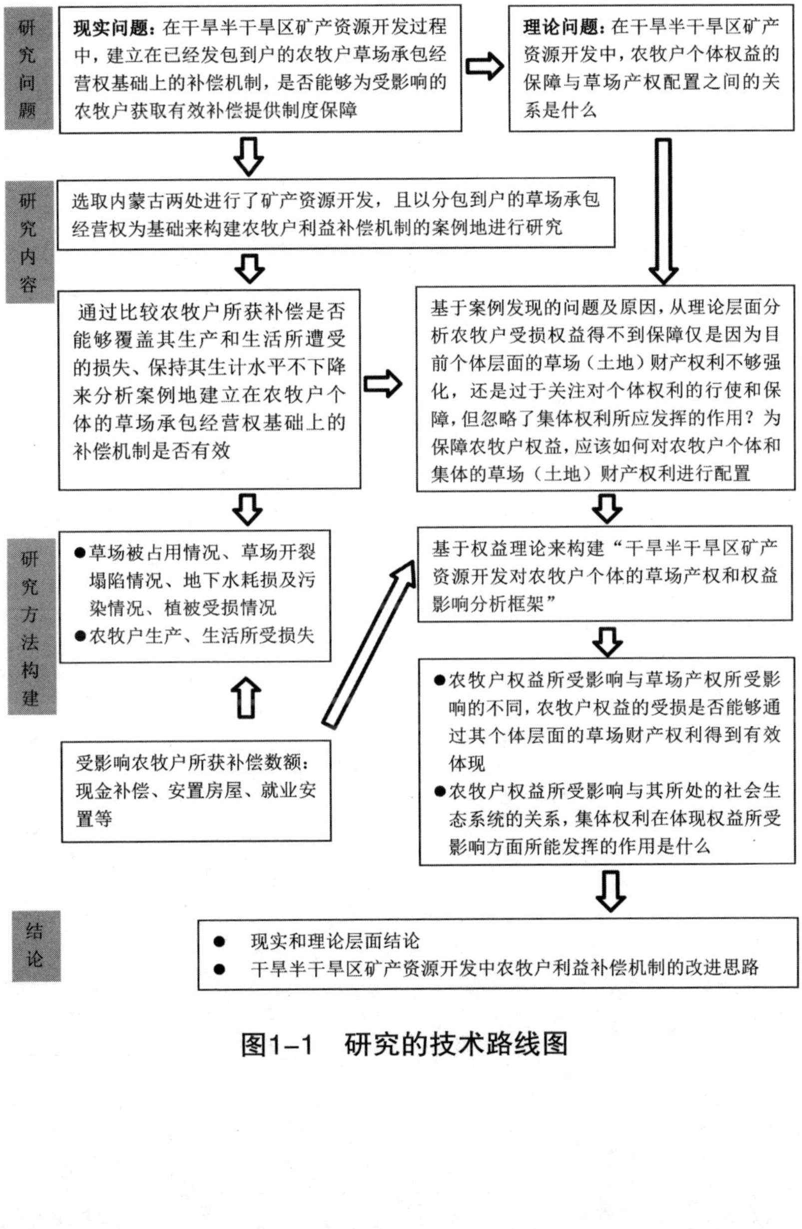

图1–1　研究的技术路线图

第二章

自然资源产权理论研究进展及视角转换

本章首先对自然资源产权配置相关理论基础及研究进展进行梳理；在此基础上，从自然资源产权法律性质界定和自然资源物质化、商品化认识的局限性这两个方面对自然资源产权配置的理论争议进行归纳，并提出针对不同类型的自然资源应当采取多样化的产权配置模式，且产权配置的过程应该更多地从关注财产权利本身转向关注产权与社会、生态网络之间的关系。

第一节 自然资源产权配置理论研究

一、产权作用的基本认识

“产权”（tenure 或 property right）一词是经济学中很常见的名词。经济学家之所以关注产权，是因为他们认为产权制度是保障经济绩效和资源配置的最基本经济制度（Barzel，1997；Libecap，1989；Eggertsson，1990；North，1993；Alston et al.，1996），如果产权制度不能很好地反映出资源的稀缺性，经济便会出现资源配置的扭曲（North，1993）。

具体而言，在经济学中，产权制度指的是由物的存在以及对其使用所引起的人们之间相互认可的行为关系，也可以认为产权制度是通过社会强制而实现的对某种经济物品的多种用途进行选择的权利，产权安排确定了每个人对于某物品的行为规范，每个人必须遵守他与其他人之间的相互关系，以及承担不遵守这种关系的成本（Furubotn & Pejovich，1972，2001；Alchian & Demsetz，1973；Alchian et al.，2009；杨小凯，1997）。

在一个社会里，不同的产权制度安排会带来不同的行为规范，形成不同的激励和约束机制，从而带来不同的资源配置状态（North & Thomas，1971；杨小凯，1997）。

产权制度的激励机制主要指的是，在经济运行中，任何产权主体对其权利的行使，都是在收益最大化的动机支配下所产生的经济行为，若能有明确的产权制度对行为主体的经济行为予以保护和肯定，并能为行为主体带来一定的收益预期，则行为主体就会产生行使其权利的内生动力；反之，若在产权不明晰、利益关系模糊的情况下，行为主体则会失去行使权利的内生动力，生产经营的积极性下降，从而导致经济运行效率低下。

与激励机制相对的是，约束机制则体现为，当权利明晰时，行为主体一方面能产生合理的收益预期，另一方面也能明确自身的责任，即当自身的经济行为导致侵权或越权发生时所应付出的代价。

总体上，激励与约束功能彼此是相辅相成的，如同权利与义务一样，产权制度界定下的关系既可以被视为一种利益关系，又可以被视为一种责任关系，在激励行为主体行使权利的同时，也对行为主体的行为进行约束。

故而，产权明晰是产权制度发挥激励和约束机制作用的关键，当产权边界没有得到清晰界定时，外部性就会产生，经济活动中的人们就会争相攫取稀缺的资源和机会（Barzel，1997）。在此基础上，产权经济学家以交易成本为基本分析工具，将交易费用、产权关系、市场运行和资源配置效率等四者联系起来。清晰的产权制度是市场机制发挥资源配置作用的基础，也是价格、税收、信贷、投资等经济手段能够有效发挥作用的基础（North & Thomas，1971）；只要将产权界定清楚，市场就可以通过价格机制来合理配置这一可交易的权利，从而将外部性内部化。

因此关于财产方面的相关法律制度，其核心任务就是清除交易的障碍，即交易的外部性。清除的关键便是通过确立清晰的产权制度，以实现交易双方的充分博弈，进而将交易的外部性降至最低。因此政府的职责不是直接对市场进行干预，而是清晰地界定产权，进而将资源配置的效率问题交由市场去解决。

二、新自由主义经济下的自然资源产权配置研究

在自然资源的产权配置方面，新自由主义下的经济模型长期以来主导着对于自然资源治理方面的认识（Tietenberg et al.，2004）。需要注意的是，由于供给学派、新制度学派、产权学派、政治经济学派等许多经济学流派都具有新自由主义的特点，因此这里所概括的新自由主义经济学对自然资源产权配置的认识也涵盖了这样一些学派的认识。

受新自由主义经济思想的影响，大量学者重视私有化和市场机制在自然资源治理中的重要意义。早期 Hardin（1968）在对“公地悲剧”这一问题进行研究后便提出，一个理性的使用者会持续

地对开放公共地上的资源进行使用，直到他对自身行动所预期的价值与所预期的成本相等时才会停止，这是因为每一个使用者都会忽略自身行为对他人造成的影响，个体决策的累积最终导致资源过度利用的悲剧出现。而后，以这样一个思路为基础，在自然资源利用这一问题上，政治经济学家和产权经济学家将产权制度放在了保障激励和确保经济效率方面的核心位置上（Acemoglu & Johnson，2005；Grainger & Costello，2014，2015；North et al.，2009；Robinson et al.，2017；Berkes et al.，1998；Arnold，1998），他们通常将清晰的产权视为规范自然资源使用、解决自然资源退化问题的万能药方（Schlager & Ostrom，1992；Ostrom et al.，1999；Ostrom & Cox，2010；Costello & Grainger，2015）。相关研究分析认为，个体所有者的行为取决于资源背后财产权利的稳定性，不同的财产权利设定会影响到个体对于土地利用的决策（Besley，1995；Alston et al.，2000），模糊和不牢固的产权权利便会诱导个体产生对诸如渔业资源、森林资源、水资源等自然资源的过度使用（Costello & Kaffine 2008；Deacon，1995，1999；Hughes，2003，2004）。

在自然资源的产权得到明晰和稳定后，市场机制便可以被引入到对自然资源的配置当中（Daly et al.，2011）。根据科斯定理，在产权明晰、交易成本为零或者很低的情况下，市场机制能够实现资源配置的帕累托最优，市场机制通过自发调节对自然资源进行配置，这包括了自然资源运营管理中的供求、价格、竞争、风险等要素之间的相互联系及作用机理（Randall，1975；Tietenberg & Thomas，2005；Common & Stagl，2005）。这个配置过程表现为，通过自然资源的市场交易，市场会自动找到外部交易成本，并随着供求变化，不断地调整自然资源的价格，将资源的稀缺价格体现出来；受损方可以通过市场交易的方式从经济、福利等方面获得补偿。因此，产权明晰下的市场机制可以一方面明确地界定利益的相关方群体范围，并明确其权利和义务；另一方面能够将补偿完全置于市场背景下，让补偿标准随市场波动而调整，避免行政干预方式下的补偿标准偏低、补偿措施混乱等问题（Wilgen et al. 1998；Miles & Kapos，2008；Vatn，2010；Miteva et al.，2012；Engel et al.，2008；Kinzig et al.，2011；Gómez-Baggethun et al.，2010；Kosoy et al.，2007；Sven，2007；Pagiola et al.，2002，2006；Turner，2011；Tiainen et al.，2014；Pegg，2006；Dong et al.，2014；Lei et al.，2013；Liu & Zhuang，2011；Zhang et al.，2010；Zhen et al.，2011）。

产权明晰是市场机制发挥资源配置作用的必要条件，而从西方经验或者很多西方学者的研究来看，产权明晰即等同于“私有化”，或者说产权明晰最简单的方法似乎就是“私有化”（Libecap，2003），正如Alchian等（2009）在其研究中所说的“除私有产权以外的其他产权都降低了资源的使用与市场所反映的价值的一致性”。也因此，很多研究强调，进一步完善自然资源的私有产权制度是市场机制得到有效运转的基础，也是进一步优化配置自然资源的主要途径（Kamara et al.，2004）。

与私有产权模式相对的，被政治经济学家和产权经济学家不断重复地拿来批判的便是“共有产权资源（common-property resource）”这样一种产权安排模式（Schlager & Ostrom，1992；

Ostrom et al.，1999）。在产权经济学、政治经济学家的视角下，共有产权模式下所管理的自然资源具备的两个主要特质为：一是企图通过物理或者制度手段来驱逐受益者是要付出巨大成本的；二是某个使用者对于资源的利用会减少其他使用者对于资源的可获得性（Ostrom et al.，1994，1999）。首先，非排他性（difficulty in exclusion）和减损性（subtractability）导致在共有产权模式下，共同体内每一成员都有权平均分享共同体对自然资源所具有的权利，如果某一个体对自然资源使用的权利所产生的监察和谈判成本不为零，那么该个体在最大化地追求个人价值时，所产生的成本就有可能需要由共同体中的其他成员来承担一部分。其次，某一个自然资源共有权利的所有者也很难排斥其他人来分享他努力的果实，即使要达到排他性，其谈判成本可能非常之高。因此，共有产权导致了很大的外部性。最后，共有产权也易产生短期行为，由于对预期收益缺乏信心，每个成员不会充分考虑未来的收益和成本倾向，因此可能不会选择预期价值最大化的资源使用方式（Macintyre & Foale，2007；Hughes，2003，2004；Ostrom et al.，1994；张五常，2000）。因此在这种情况下，当地的资源使用者需要在外部力量的帮助下，即在政府的帮助下，建立清晰的自然资源私有产权制度（Berkes et al.，1998；Arnold，1998；Libecap，2003）。

三、当前矿产资源开发地居民利益受损补偿方面的理论研究点

农业用地的非农开发在世界范围内普遍存在，各个国家都需要为了公共利益，以支付一定的补偿作为交换条件，来获取当地

居民的部分或者全部土地资源，进而用于工业化、城镇化开发（Larbi et al.，2004）。

在新自由主义经济模型对于自然资源配置的影响下，清晰的自然资源产权是构建补偿机制的关键。在此基础上，现有大量研究在对开发地居民受损利益补偿进行讨论分析时，关注的热点主要是在土地资源的私有产权配置下，如何对开发地居民受损的利益进行核算，即补偿标准的确立；以及通过何种补偿方式能够更好地保障当地居民的生计水平不降低。

（一）补偿的标准

具体而言，在开发地居民利益受损的补偿标准方面，有研究认为在土地资源产权结构清晰的前提下，相应的补偿标准应当首先保证对开发地居民所拥有的土地资源遭受的破坏以及恢复原有生产生活所需的费用予以充分补偿（周诚，2004）。进而在此基础上，大量研究认为仅对开发地居民被破坏的土地资源和生产生活遭受的损失进行补偿是不够的，补偿标准应当在清晰的土地资源产权基础上，以土地资源在公开的交易市场上的市场价格为基准，如此才能最大限度地保障被占用土地资源的开发地居民的合法权益。以市场价格为基准可以保证在调和社会公共利益和个人利益时，双方利益平等地受到保护，避免对于私人利益的过分保护，也避免对于公共利益的过分维护（Prosterman，2004；Giammarino & Nosal，2005；田文淀，2007；姚昭杰，2010；朱道林，沈飞，2002；何太痴，2004）。

部分学者还通过构建相应的定量模型来证实依据市场价格为基准的补偿能够换来社会分配的最优，比如 Nosal（2001）通过构建一个旨在寻找社会最优分配的“税收-补偿”模型，该模型的分析结果为，为了达到社会最优分配，丧失土地资源的居民应该得到完全的市场价值补偿。Giammarino 和 Nosal（2005）通过构建相应的模型为现代社会土地征用采用市场价值补偿标准提供了强有力的依据，依据该模型他们发现包括零补偿在内的一揽子社会最优补偿标准必须要严格地依赖两个假设条件，即政府最大化社会福利和私人投资水平没有影响地产的其他用途，一旦这些条件难以得到满足，最优补偿标准将普遍依赖市场价值。

在上述认识的基础上，大量研究进而关注应当如何对开发地居民的私人利益损失（被占用或损失的土地资源等）的市场价值进行测算。对此，由于各个国家在自然资源市场机制的构建水平、相关自然资源市场数据的获取程度上所存在的差异，使得这方面的测算方法大致呈现出了基于市场因素的测算方法和基于非市场因素的测算方法这两大类。

其一，基于市场因素的测算方法在诸如美国这类土地或其他种类自然资源交易市场较为完善、交易较为活跃的国家中存在较多，因为其土地的成交数据易于获得（James，2007）。这类方法往往用于测算在农牧业用地被占用并转为工业用地或城镇用地等价值更高的用地类型过程中所产生的增值以及从中获得的利益（Nickerson & Lynch，2001；Plantinga et al.，2002；Plantinga & Miller，2001）。在这种定义下，通常情况下用于测算的大致基本公式为：

土地及其附属自然资源转用价值 = 土地转用后的价值−土地转用前的价值−土地用途转换成本

其中，土地资源转用前的价值主要由农业地租、折现率，以及从现用途到转化用途的时间决定；土地转用后的价值主要由开发用途租金、折现率，以及转换用途以后的时间所决定（Plantinga & Miller，2001）。

其二，针对于自然资源交易市场机制并不完善的国家和地区，由于相应的土地及相关自然资源的交易数据较为缺乏或者在获取上存在难度，因此相关研究通常较为关注基于非市场因素的测算方法。这方面的方法目前仍在不断的革新中，这里仅给出一个以往受关注较多、运用和探讨较为普遍的测算方法，即Hedonic模型。该模型方法主要从被评估地块的特征出发，选择影响农地价格的因素，收集数据进行统计分析并确定模型形式。该方法估算结果较准确，运用灵活，既能计算单个地点的农地价格，又能得到整片地区的多点地价水平，与GIS信息系统（地理信息系统）等结合将使得该估价方法得到改进。现有研究利用这一模型方法将矿产资源作为一个影响土地价格的主要因素，辅以土地上原有建筑物的折旧后净值、土地等级指数、土地生产力指数、农地到中心城区（比如市场）等因素，来构建土地产权价值与这些影响因素之间的关系函数，在得到土地的产权价值的同时，也得到不同因素变动对于产权价值所带来的影响（Williams，2011；Nicholls & Crompton，2007；Drozd & Johnson，2004；Peter & Gene，1999；David，2002；Tomislav & Wossink，2000）。

基本的Hedonic模型（地价与各特征之间的影响因素可以表示为）：

$$\ln V = \sum B_i \ln X_i + \sum r_j T_j + e$$

其中，V为地价；X_i为土地的品质（特征）因素；B_i为各块土地与地价关系的系数；T_j为土地在j期出售的哑元变量，即在j期出售，则$T_j = 1$，否则$T_j = 0$；r_j为在j期出售的土地的价格变动系数；e为随机误差变量。

（二）补偿的方式

在补偿方式的研究方面，现有大量研究认为，在明确了以市场价值为基础的补偿标准这一认识基础上，应当进一步关注补偿方式的多样化，而不是依据市场价值的单一现金补偿。相关研究认为，单纯基于市场价格的现金补偿可能只会刺激短期的物质性消费增加，对失地农牧民生计的长期可持续性帮助有限。因此，在制定相应补偿措施时，应更多考虑如何更为长远地运用资源开发所带来的财富，以保障补偿的长期有效性（Eggert，2001；World Bank，2010；Drysdale，2008；Fischer，2007；Cernea，2008）。

对此，一些研究提出应当尽量避免一次性的现金补偿支付，转而可以考虑将一部分补偿以股权分享、红利分享、设立发展基金等形式进行（Pham et al.，2013；*Centre for Science & Environment*，2011；Bocoum et al.，2012；IIED，2002a；Tilton，2004；Lund，2009）；同时，也可以考虑将一部分补偿用来为农牧民提供就业方面的教育培训机会，提升医疗服务设施，与矿业企业签订为当地农牧民提供工作机会、采购当地生产要素和生产服务方面的协议。这类非现金性的补偿对保障农牧民有效利用资源开发所带来的市场资源和就业资源，保障后续生计稳定具有重要意义（Pham et al.，2013；Centre for Science & Environment，2011；Bocoum et al.，2012；IIED，2002a）。

目前，在相应研究的支持下，一部分采矿企业在针对开采地居民受损利益进行补偿时，采取了将一部分现金补偿转化成为当地居民设立发展基金、提供培训机会和就业机会等补偿方式，具体执行情况参见表2-1所示。

表2-1 部分发达国家矿业项目对农牧民的补偿方式选择

地区	促进区域发展的方式	发展基金	培训机会	就业机会	研究者
Ranger铀矿（澳大利亚北部领地）	设立发展投资基金，并成立协会负责运营；雇用当地农牧民，并对其进行培训	–	–	–	Aboriginal Project Committee，1997
Argyle钻石矿（澳大利亚西澳州）	设立两支信托基金来为地方发展项目提供资金支持；确定相关的雇用当地原住民方面的协议	–	–	–	Brereton & Parmenter，2008
Weipa铝土矿（澳大利亚昆士兰州）	州政府、社区及其他团体成立协会运用信托基金；采矿公司资助基础设施，承诺雇用当地农牧民	–	–	–	Rio Tinto Alcan，2012
加拿大萨斯喀彻温省北部	联合运用模式（包括企业、政府和当地社区）；关注就地采购，当地雇用和培训	–	–	–	Parsons & Barsi，2001
Raglan镍矿（加拿大魁北克省）	企业与因纽特人组织签订双边协定，设立发展基金；雇用因纽特人并对其进行培训	–	–	–	Lewis et al.，2009；Knotsch & Warda，2009

（续表）

地区	促进区域发展的方式	发展基金	培训机会	就业机会	研究者
Diavik钻石矿（加拿大西北领地）	区域政府、采矿企业和原住民社区之间沟通协商签订社会经济协约；关注当地劳动力被雇用情况	–	–	–	Government of the Northwest Territories，2013
税费和区域信托政策（加拿大英属哥伦比亚省）	资源收入分享政策确定了原住民群体从矿业税收收入中获取一定比例的原则。区域信托为原住民进行培训，鼓励当地社会经济多样化发展	–	–		Clark，2009；Laurie，2013；Browne & Robertson，2009
Escondida铜矿（智利Antofagasta地区）	Escondida基金旨在提升教育质量，强化社会民主，发展生产能力；注重对当地原住民的培训	–	–	–	Lagos & Blanco，2010；ICMM，2007
Red Dog锌矿和铅矿（美国阿拉斯加州）	企业与西北极圈土著人协会（NANA）之间签订协议，设立基金资助教育，优先当地建设项目，提供就业机会	–	–	–	Fischer，2007；Alaska Minerals Commission，2013

第二节　自然资源产权市场交换机制的理论争议

经济学主导下的自然资源产权配置模式，其逻辑简单清晰，相关研究将自然资源视为一种物质资产，进而通过对这种物质资产建立清晰的产权制度，并引入市场机制来进行配置。这种模式相比于政府行政管制下的自然资源配置而言，拥有诸多优点，比如：在制度设计上更加简单；从经济角度而言，对于自然资源的买卖双方更加有效；对于自然资源的提供者而言，能够有效增加其现金流，让其能够实现生计的多样化（Pattanayak et al., 2010）。但其过度物质化的思路，简化了生态系统（自然资源）不同组分和过程的复杂性，因此并不一定能带来预想的效果。针对这方面的问题，部分法学家和生态学家对该思路提出了质疑。

一、自然资源产权物权化的法学争议

早在古罗马时期，法学家乌尔比安就提出了公法与私法的划分。公法是主要针对不宜作为商品进行市场交易、具有公共职能的物（公物），主要采用公共权力手段（强制性规范）对国家与普通公民、组织之间的关系进行调整，保障国家或公共的利益；私法主要针对具有商品价值、适合进行市场交易的物（私物），主要

采用私权手段（任意性规范）来调整普通公民、组织之间的利益关系。公法强调服从，注重权力运作；私法关注自治、平等、等价，注重权利的形式和保护（张光杰，2005；马俊驹，2011）。

从法学视角来看，大量经济学家在新自由主义经济思想下所提出的建立清晰的自然资源产权制度，并以市场机制为基础来促进其有效流转这一思路，实际上是一种对自然资源物权化的思路。对应到法学领域，更多落在了私法（民法）的范围内，并且也得到了大量私法（民法）方面学者的认同，这部分学者认为自然资源的物权化是实现资源有效利用的关键（叶榅平，2012；张峰，叶榅平，2012）。

近现代的物权制度主要是对人类基于土地资源的法律实践活动而总结得出的经验，但是，当这种建立在不动产土地资源上的法律理论进一步扩大到多样态的自然资源利用问题上时，资源的公共属性与私人排他支配之间的矛盾就变得紧张起来（鲍尔·施蒂尔钠，2004）。

事实上，在自然资源权利建构方面，不论是英美法系国家，还是大陆法系国家，整体理论和实践都还处于“幼儿”阶段（Rasband et al.，2004），而这样一个问题在实行自然资源公有制的我国则显得尤其复杂，集中表现为公法和私法学家对自然资源是公物还是私物属性的争论。

（一）自然资源产权的私权属性及物权化

民法学界长期以来认为自然资源应当被视为一项财产，应从法律角度赋予其权利主体一定的财产权利和义务，从而实现资源的有效利用和持续发展（刘灿，2009），由此自然资源的权利便具有了私权属性。

在私法调整范畴内，不同主体的财产权（比如国家所有权和集体所有权）应该地位平等，不能为了满足部分主体的财产利益而损害另一部分主体的财产权益。过往几十年里，我国自然资源开发利用过程中出现的问题，背后主要原因是私法手段的缺乏和物权体系的不健全，这集中表现在近年来我国在城镇化、工业化快速推进过程中，曾强行、低价征收农牧民集体土地，损害了农牧民集体的土地等自然资源利益（王彦，2016；叶楹平，2012；张峰，叶楹平，2012）

物权理论主要肇源于罗马法，而后由德国民法典进一步发扬光大。传统大陆法系法学理论认为，自然资源属于有形财产，应该由物权法理论予以规范。英美法系不强调物权、债权、知识产权等权利的精细划分。与之不同的是，大陆法系的法学概念更讲求权利的精准定义、精细分类，以及构成的封闭财产权结构体系（Smith，2012；Blackstones，2010；Corbin，1922；王彦，2016；陈仪，2015）。在大陆法系中，财产权和人事权通常是相互对应的两个概念，共同构成大陆法系中的两大主要权利体系。“财产权是民事权利主体所享有的具有经济利益的权利，它具有物质财富的内容，一般可以货币进行计算。财产权包括以所有权为主的物权、准物权、债权、继承权以及知识产权等”（《中国大百科全书·法学》，1984）。

进而，在自然资源是否符合物权客体方面，民法领域的研究认为，物权本质上是对物的支配权（近江幸治，2006），这既包含了人要对物拥有使用、收益和处分的权能，更重要的是人要能对所支配财产利益能够产生一定的作用（孟勤国，2004）。自然资源在《中国百科大辞典》中被定义为“能被人类利用并产生经济效益的天然存在的自然环境要素和条件”（中国百科大辞典编委会，1990）。能被人类利用则体现了自然资源能够被人使用、收益、处分等，而能够产生经济效益则意味着人能够使得所要支配的自然资源产生资源的经济效益（产生一定的作用），由此可见自然资源具备物权本质要求的可支配性。

基于大陆法系下的物权理论对于财产权的划分，在自然资源财产权的定义方面，由于所有权权能分离理论是大陆法系中物权制度的支柱，同时所有权在权能分离理论中处于最高地位，因此自然资源所有权是自然资源财产权利中的唯一的完全物权，除此之外的其他物权均为有限物权（中国人民大学法律系民法教研室，1984；彭万林，1997）。有限物权来源于所有权，同时又依据对所有权设定的债权而形成，因此所有权又通常被称为是有限物权的母权（中国人民大学法律系民法教研室，1984；陈华彬，1998；佟柔，1983）。

自然资源的使用权性质方面，在我国，所有权的权利人为国家或集体，自然资源使用权是国家或集体对土地等自然资源的所有权的派生权利，是所有权部分权能与所有权分离的结果（彭万林，1997），抑或说，自然资源的使用权是以自然资源的所有权为母权而建立起来的物权理论。基于这种逻辑路径，在对自然资源性质的定义上，无论是在民法学界还是在环境资源法学界，主流观点一致认为自然资源的使用权是用益物权，甚至认为是以不动产为客体的用益物权（李开国，1997；柳经纬，2004；屈茂辉，2005；朱启超，许凤德，2002；王利民，2005；佘能斌，2003；房绍坤，2003；魏振瀛，2000）。

对自然资源使用权的用益物权属性，有学者认为，尽管自然资源的使用权虽涉及自然资源管理法中的一些公法规范，但本质上它是自然资源所有权派生出来的一种以使用、收益为基本目的的用益物权（周林彬，2002）。也可以说，自然资源使用权是建立在他人所有物基础上形成的，仅具有使用和收益权能的不完全物权，因此应当属于民法物权制度中之有限物权中的用益物权（江平，2011）。

（二）自然资源产权私权属性的理论局限性

尽管我国实行的是自然资源公有制，但民法学界在自然资源物权化和私权体系建设方面所做的大量研究，对我国的自然资源法律体系产生了较大的实际影响。这体现为随着1986年《民法通则》的颁布施行，我国目前已经形成了以《民法通则》和《物权法》为根本基础，以《土地管理法》、《矿产资源法》、《渔业法》、《水法》、《草原法》、《森林法》、《野生动物保护法》和《农村土地承包法》等专项法律为分支的自然资源物权体系（左正强，2008；金海统，2009）。

尽管如此，关于自然资源私有排他性控制与公益属性之间的争议其实从未停止过，部分法学学者认为不论自然资源为谁所利用，都承载了社会的公共利益，因此不能忽视其公物属性（Mackie & Tully，1983）。相关学者强调，即便是在一些允许私人掌握自然资源所有权的西方国家，政府仍然是土地等自然资源的最大所有者。此外，这部分学者还对通过私法手段来配置自然资源的思路进行了质疑，他们认为，本质上自然资源并不符合物权体系对主客体的要求，故而民法范畴下的私法手段无助于解决实践中出现的有关自然资源利用的争议（美浓部达吉，2003）。自然资源同物权体系对于主客体要求之间的不相符主要体现在：

1.权利客体方面

首先，传统物权理论下，作为物权客体的“物”必须是有体物、特定物和独立物，并且能为人支配以及满足人们的生活需要。其中，特定物是指具有特别的属性，不能被其他物替代的物；独立物则是指具有独立性，可以不依附于他物独立存在的，且社会一般观念也将其视作一个单独的物来对待并处理（梁慧星，2010；铃木禄弥，1999）。自然资源本身可以看作是有体物，同时也能够为人支配并满足人们的生活需要；但自然资源赋存形态的不确定性、属性的多样性使之不满足特定物的要求，同时自然资源之间的相互依存特性，也使之不满足独立物的要求（张璐，2009）。基于这样的认识，严格意义上来说，自然资源难以成为物权体系中的“物”，故而国家或集体的自然资源所有权难以进入物权体系并成为私法的一部分。进而沿着这一思路，自然资源使用权的私权属性同样受到质疑（孟勤国，2004；崔建远，2012），这是因为原本自然资源的使用权是建立在物权理论下，依托所有权权能分离理论而衍生出的有限物权，因此当作为母权的自然资源所有权难以进入私法体系后，自然资源使用权的私权属性自然也会受到质疑。

进而，法学领域内用益物权的标的物仅以不动产为限，之于动产则不得成立用益物权（王泽鉴，2010）。而在传统物权理论下，不动产通常指的是无法移动或者移动会对其价值造成影响的物（黄异，2004）。这样一种规定，其背后主要原因在于动产数量种类繁杂，且价值上往往低于不动产，通常可以购为己有；若偶尔出于特殊原因必须利用他人的动产，也可以借贷或者租赁的形式实现，并不需要诉诸于用益物权（郑玉波，1992）。依据上述标准，诸如森林、草原之类的自然资源或许可以勉强被归为不动产，但诸如地下水、野生动物或者作为渔业权客体的水域而言，直接界定为不动产显然并不合适（黄异，2000），因此将自然资源一概视为民法标的物是值得商榷的。

最后，除不动产要求之外，用益物权还要求客体为非消费物，其背后原因在于，自罗马法以来，物权理论就确定了一项基本原理，即用益物权人对客体的占有、使用和收益以不造成对客体价值的减损为底线，在用益物权消灭时，权利人有义务将客体以原状返还给所有人。但消费物在使用后必然会造成其原本资质改变甚至消灭，因此不可能以原状返还，因此在消费物上无法设立用益物权，即便消费物上设定了用益物权，该用益物权人也只能是所有人（卡尔·拉伦茨，2013）。

此外，传统物权法以“是否可以重复使用”为标准对物进行分类，经重复使用不会造成其形态、性质改变的物才可以是非消费物，相对应地，一经使用则造成其形态性质改变的物则作为消费物（梁慧星，1999，2010）。在此标准下，相当一部分自然资源，诸如矿产、地下水、树木、牧草、可捕捞的水生动物在使用后并没有办法以原状返回所有权人，因此难以被纳入非消费物范围内（Laitos，2006）。

2.权利主体方面

民法范畴下强调权利主体地位之间的平等，即是说任何一方不能够将自我意志强加于另一方身上。由此来看，民事权利本质上承载着民事主体的利益，体现的是民事主体自身的意志性，带有明显的利益趋向性特性，其目标都是指向自身利益；进而在自利驱动下行使权利，并将权利行使所获的利益归于权利本人所有（尹田，2006）。因此从民法层面出发，国家应当同民事主体一样平等、自利。

但是这点显然在自然资源权利构建方面难以实现，自然资源承载了广泛的社会公共利益，而我国之所以设定自然资源公有制，就是为了让国家能够承担最大的社会公益、解决人们私利冲突，不能和普通自然人、法人相平等，也不能追求所谓的私益。这一点不仅在我国，在一些允许自然资源私有的西方国家，政府之所以一直保持着自然资源最大的所有权利人地位，其背后的思路同样如此（冉昊，2015）。

尽管20世纪80年代始于英美等国家的新公共管理浪潮引发了针对限制政府在公共产品领域的供给，发挥市场作用等方面的较高呼声，但官僚机制仍然是非商业部门实现公共管理的有效机制（Lane，1998）。

沿着这一思路，国家对自然资源所掌握的所有权利，其产生和运行本质上是公权理论下的产物，是社会公共利益的载体，故而这种利益应当高于私人利益。

（三）自然资源公物和私物的划分及配置思路

实际上，当遇到物权体系是否适用于自然资源的产权权利建构，以及自然资源的管理应更多采用私法还是公法手段等问题时，现有法学研究之所以会对其产生认识上的分歧，主要是因为自然资源多样化的形态种类及性质的不同（张峰，叶榅平，2012）。

形态和性质的多样化造成了社会对不同自然资源功能需求定位的不同，与其继续纠结于自然资源整体上是公物还是私物，不如更好地去顺应自然资源兼有公共利益与私人利益这一双重特性（朱冰，2012；王彦，2016）。比如德国的公物理论承认公物同样具有私人性质的所有权，进而政府对其国有财产进行了私物和公物的划分，其中，将直接用于行政主体执行公务的财产，以及民众可自由使用的外部财产视为公物；相应地，间接通过其财产价值或收益服务于公共行政的财产，以及行政主体为实现营利目的而设置的企业财产则被视为私物（汉斯·J. 沃尔夫等，2002）。

在认识到这一点后，少部分法学学者开始提出公物和私物的划分是自然资源权利体制改革的重要方向（王尔德，2016；马俊驹，2011；吴平，谷树忠，2015）。对此划分的重要依据是自然资源的社会经济属性，对能够通过市场进行资源配置形成物质产品、具有商品价值的自然资源，应纳入自然资源私物范畴，由私法进行调整，实现市场化经营；相对应地，对不宜作为商品进行市场交易、具有公共职能的自然资源，应纳入自然资源公物范畴，由民众自由、平等地享有使用的权利，前提是在不毁坏和不影响他人使用的条件下（马俊驹，2011）。

我国目前涉及自然资源的法律法规几乎没有对自然资源进行公物和私物的合理划分（王尔德，2016），于2015年颁布的《生态文明体制改革总体方案》并没有对这种现状进行改善。同时，相关法律法规也没有将各级政府对资源的行政管理职能和代行所有者职能相分离，直接带来的结果就是地方政府为了经济利益而忽视生态及社会效益，最终导致地方政府一方面没能有效行使所有者权益，另一方面又疏忽了对行政监督职责的履行（吴平，谷树忠，2015）。这方面相关的经验一定程度上可以参照部分国有企业市场运营和资产监管方面的改革成功经验（邵宁，2016）。沿着这一思路，在对自然资源进行公物和私物划分的基础上，相应的管理体制也应当有针对性。针对自然资源公物，应该采取以政府管理为主体的管理模式，严格禁止和限制经营性利用，并主要考核自然资源、生态服务质量的状况及管理成本等。相反，对于自然资源私物，则应发挥市场手段的基础管理配置作用，要按照市场规范进行出让、转让和利用，主要考核其资产价值增值和净收益增长状况，对其经营性利用不应施加过多的行政干预，经营机构必须与管理机构的职能严格分开。

二、自然资源物质化、商品化的生态学争议

新自由主义经济学家所提出的构建清晰的自然资源产权制度，并以此为基础通过市场交换来实现自然资源的有效配置这一思路，同样引起了生态学家的质疑。生态学家认为，经济学家所提出的这一思路本质上是采用物质化的视角来看待资源，在这一视角下，不同自然资源（物质）之间彼此独立，能够得到清晰的划分和界定。但实际上，生态系统作为一个整体，其内部不同组分、不同资源之间存在复杂的相互作用，因此，生态学家提出应

当采用关系性视角来看待自然资源的管理问题。

（一）经济系统内认识自然资源的传统物质性模型

在经济学系统内，环境被视为能够提供多种服务的组合性资产，称为环境资产或自然资产。此外，另一个相关概念便是自然资本，被认为是由诸如土地和森林、野生动植物和水、生物物种、湿地等环境资产的储备构成（Markandya et al.，2001）。对上述大量新自由主义经济下的自然资源产权配置研究进行梳理后，不难发现本质上这些研究就是从经济系统的角度出发，希望通过将自然资源视为一种物质资产，进而用资产这一经济学概念来将资源环境问题纳入到经济系统中来考虑，以自然资源产权清晰为基础，建立以自然资源作为物质化商品进行交换的模式，以此来解决自然资源开发利用中的外部性问题（Vatn et al.，2010）。这样一种界定思路在我国的一些自然资源相关法规政策中也有所体现，比如在2015年由中共中央、国务院印发的《生态文明体制改革总体方案》中，全文将自然资源表述为资产，称为“自然资源资产”。

事实上，绝大多数经济学家都采用物质性模型（substantive concept）来认识和看待资源，同时这也是目前在认知上被普遍接纳的一种资源认识方式，即当人们讨论到资源时，人们往往想到的是原物料、中间商品、机械设备或者各种基础设施等这些物质，这些物质（生产要素）的简单加和便构成了一个生产组织（firm）。这是一种机械化的认识视角，而在这种对自然资源认识的视角背后，实质上蕴藏着如下一些假设，抑或说，这一视角认为自然资源具有如下特性（Bathelt & Glückler，2005）：

（1）各种自然资源都是客观存在的物质。

（2）各种资源都是彼此独立的、同质的生产要素。

（3）各种资源是按照预先设定好的使用方式，或者其在预先设定好的投入产出关系中，所处的位置，其价值是固定的。

在物质性模型（substantive concept）的影响下，传统经济分析往往将某一个生产组织（firm）按照其固有的投入和产出来进行界定，不同的生产组织被简单地界定为不同的资源束（bundles of resources），同时系统也可以按照其本身的资源类型、资源结构、资源属性（resource profile）来进行划分（Mahoney & Pandian，1992）。

（二）自然资源的物质性模型及其局限性

但事实上，经济系统与生态系统并不是相互独立的系统，现实中的经济系统往往是嵌套在生态系统当中，而非生态系统嵌套于经济系统中（Daly，1996），将一个子系统的概念用于尺度更大、更为复杂的生态系统管理，在逻辑上是行不通的。

不同自然资源之间存在着彼此依存、相互作用的关系，比如在干旱草原生态系统内，地下水资源与土壤、植被、牲畜等多种资源之间存在着相互作用关系（中国科学院地理科学与资源研究所，2012），对自然环境物质化、资产化、商品化的过程简化了生态系统内部组分和生态过程的复杂性，这种建立在不完全信息上的方式并不能达到对生态系统中自然资源的有效管理和配置的目的（Muradian & Rival，2012）。

因此，相关学者认为传统的物质性模型的局限性表现在，在一些情景下，不同资源之间难以被清晰界定和分割，并且其用途在不同情景下的价值不能被一概而论，对于一种资源的认识和价值衡量过程，不能不考虑其所处的“关系”和“情景”，只有区分开资源的物质性本身和其潜在的多种用途和功能后，才能够更好地理解不同系统的异质性和多样性、产出的特异性及其出现的差异化策略（deviating strategies）（Hodgson，2003；Storper，2005；Amin，1999）。一个系统并不仅仅是一个潜在的资源束集合，某个系统也并不会因为配置了比其他系统更好的要素资源，就一定能够获得更高的产出和利益。相比之下，系统更好的运作或表现则往往是基于对资源采取多样化的或者更为合理的配置利用方式的结果（Maskell，2001）。在一些对当前生态补偿进行反思的研究中，也有类似观点。这些研究认为，当前生态补偿的实施，通常是以自然资源（或土地）产权明晰为前提，在生态服务提供者和受益者之间建立市场交易模式（Vatn，2010），但从生态系统角度，这种产权明晰的做法将生态系统的功能过程人为分割为不同交易单元，忽略了某一单元的功能过程是依赖于其他单元实现的，或者说嵌套在整个系统中，这损害了生态系统的整体性（Kosoy & Corbera，2010）。

（三）自然资源的关系性模型的提出

基于上述物质性模型在认识和分析资源时存在的局限性，有学者提出了另一种关于自然资源的认识范式，即资源的关系性模型，这种模型的基本出发点是，资源之间是相互联系的，且对于资源的利用是在某种特定的情景下进行的，因此资源最终的使用途径和价值是情景化的（Bathelt & Glückler，2005；Krätli et al.，2016；Folke，2006；King，2017；Greenough，2012；Berkes et al.，1998）。这是一种动态化的认识模型，在认识自然资源时具有如下几个特点。

（1）通过资源背后潜在的功能或能提供的服务来对资源进行界定，而不是资源本身的物理特性。

（2）更注重资源之间的相互作用和联系，而不是将资源认为是彼此独立存在的物质。

（3）在描述和评价资源的重要性时，将“关系”和“情景”这两个方面置于分析的核心位置。

可见，从关系性模型出发，资源被认为可以有多种不同的使用方式，来满足不同的使用目的。某种资源的重要性或者使用价值取决于其所处的特定社会情境，因为这种社会情境会对使用目的和生产效率产生塑造作用。资源可以被界定为多束潜在服务的集合，而区分资源物质本身与其相关的服务是非常有必要的，因为在界定资源时，将资源独立于其所服务的目的之外是不可能的。特定的使用方式会决定资源作为投入要素以何种方式进入生产过程、资源的价值是多少，以及其通过怎样一种方式来强化某个系统的竞争力。Penrose（1997）认为，之所以选择不用生产要素来界定资源，就是因为生产要素的概念无法体现生产要素本身及其能提供的潜在服务之间的区别，并且严格来说，作为投入要素参与生产过程的永远都不仅仅是资源其本身，更为重要的是资源所能提供的服务。

至此，关于资源认识的物质性模型和关系性模型之间的区别便十分清晰明了，即前一种模型其背后的思路是将资源界定为客观存在的物质性生产要素，对其按照预先设定好的投入产出关系来进行认识和价值衡量，而后者则是强调这些资源潜在服务之间的关联性和多样性，某种资源的特定使用方式并不取决于其自身的物理特性，而是受到一系列情境条件的影响，这些条件可能包含以下几方面。

（1）资源的情景性（contingency of resource）。关系性模型可以认识到资源之间的互动是发生在特定情景下的，在如何利用某一种特定的资源方面，并没有所谓的通用的最优方法。系统中的结构和制度条件的不同，造成了资源在被评估和认识时的差异。资源在不同系统中，其价值和重要性可能存在不同。反过来，不同系统中的关键资源也并不相同。

（2）资源之间的相互作用和联系（mutual interdependencies）。资源并不是服务于某种固有的预先设定好的目的，而是服务于与其所嵌套的网络有关，并且能够在不同网络中被用于不同的目的。资源在不同情景中的用途的不同以及资源之间的相互作用和联系，反映出资源所具有的明显的情景差异性和关系性特性。

第三节 视角转换：从关注资源的权利本身转换为关注所获利益与社会生态系统间的关系

一、现有研究评述

从前述来看，20世纪70—80年代新自由主义经济思想推动私有化、市场化浪潮兴起，受此影响，清晰的私有产权制度的构建以及市场交换机制的运作在自然资源配置的相关政策和研究中占据了很大的话语权。但近年来，部分学科领域的相关学者逐渐对这种从经济系统出发的自然资源配置思路的局限性进行探讨。

基于本章前述内容的讨论和梳理，可以发现，不管是法学还是生态学相关研究，对于经济系统内的自然资源产权配置思路所产生的质疑，都源于经济学对生态系统复杂性的简化。具体而言，从法理角度来看，部分法学研究认为自然资源因其公共利益特性所产生的复杂性使得其往往兼具公物与私物的特性，因此单一地依靠建立私有产权制度并引入市场机制的私权配置手段，并不能达到预期效果，针对自然资源公物应当更多地发挥政府的行政监管作用。从生态系统角度来看，生态学的相关学者认为经济系统内将自然资源视为彼此独立的、均质的生产要素这一传统物质性认知视角，极大地忽略了自然资源背后潜在的服务功能之间的相互作用，以及不同情境下自然资源所发挥的服务功能的差异。

但这些研究的不足体现在，对具体解决方案相对缺乏探讨。比如法理方面的研究尽管从自然资源的社会经济属性角度出发，强调区分自然资源的公物和私物，即私物应充分发挥市场机制的基础配置作用，公物则应由政府监督管理以保证其公共利益的发挥。但是，这一过程中只关注了个体和国家的权利，对于社区集体在自然资源管理中所应承担的角色并没有给予充分的关注，而在我国现阶段大量自然资源（土地、草场、林地）在法律上属于集体所有的情况下，有必要对社区集体在自然资源管理中所应发挥的作用进行讨论。而在生态学研究方面，尽管相关研究对传统物质性模型的局限性进行了探讨，并在此基础上提出了关系型模型来突出自然资源之间的相互作用关系，以及在不同系统内所发挥的功能效用的差别。但是，这方面的研究更多是运用这样一种新的概念模型来认识不同情境下的生态系统特性，尤其是认识非洲干旱区生态系统的自然资源利用问题，但并没有基于这样一种资源认知模型而提出可行有效的政策建议。

尽管上述研究存在解决方案方面的不足，本书认为，这样一些研究的关键意义在于揭示了从物权或者物质角度出发，以清晰的自然资源产权制度和市场机制来促进自然资源交易的简单逻辑，将生态系统的复杂功能和过程分割成不同的交易单元，忽略了某一单元内的生态功能或过程是嵌套在生态系统整体中，需要依赖于其他单元才能实现的这一现实，人为物理意义上的分割有可能损害了生态系统的整体性（Kosoy et al.，2010）。

更为重要的是，这些研究带来了一种思路上的启示，即对于自然资源社会公共利益，以及自然资源潜在功能之间的相互作用的关注，实际上是在强调目标系统内部社会和生态之间的复杂性相互作用。我们在建立自然资源财产权利体系时，不论从什么科学范畴或是视角出发，都需要充分了解和认识目标系统的这种复杂性，充分分析权利、权利人获取实际利益的过程，以及与权利人所处的社会、生态网络之间的关系。

具体内容参见表2–2所示。

表2–2　生态学、法学等领域对自然资源物权化、商品化的理论争议及启示

<table>
<tr><th>学科领域</th><th>理论争议点</th><th>思路启示</th></tr>
<tr><td>生态学</td><td>经济系统内将自然资源视为彼此独立的、均质的生产要素这一传统物质性认知视角，极大地忽略了自然资源背后潜在的服务功能之间的相互作用，以及不同情境下自然资源所发挥的服务功能的差异</td><td rowspan="2">· 个体层面对某些资源的财产权利并不是相互独立、可以清晰分割的
· 在一些当地居民直接依赖自然资源为生的地区，清晰的私有产权或许是一种保障当地居民权益的手段，但并不是唯一手段
· 在关注对土地资源的财产权利本身的基础上，更需要关注和讨论权利人获取利益的过程，以及与社会、生态网络之间的复杂关系
· 除了大量政治经济学家提出的明晰产权制度、强化私有产权、引入市场机制的管理模式之外，基于社区的共有产权在一定条件下、在体现个体权益与社会生态系统之间的复杂关系、保障个体权益方面的作用应得到重视</td></tr>
<tr><td>法学</td><td>自然资源因其公共利益特性所产生的复杂性，使得其往往兼具公物与私物的特性，因此单一地依靠建立私有产权制度并引入市场机制的私权配置手段并不能达到预期效果，针对自然资源公物应当更多地发挥政府的行政监管作用</td></tr>
</table>

数据来源：作者根据文献资料整理。

二、研究视角的转换

实际上，本研究认为在矿产资源开发中，针对农牧民受损的利益构建相应的补偿机制有赖于两个层面问题的解决：

第一个层面的问题是，厘清农牧户依托草场及其附属资源进行生产并获得实际利益的过程与其个体层面的草场产权，以及其所在的社区集体和生态系统之间的关系。

第二个层面的问题是，通过什么方式来保障农牧民的利益，采用什么方法对利益损失进行核算，以及通过怎样的方式对其进行补偿。

但是从目前相关研究中对于自然资源产权配置的认识，以及矿产资源开发过程中对农牧民利益补偿的研究热点来看，大部分研究是直接建立在新自由主义经济对自然资源产权配置的认识基础上，直接关注上述第二个问题的解决方案，而很少对第一个问题进行讨论。抑或说，这些研究将第一个问题简化为生态系统的不同功能过程是可以清晰分割的，不同个体从资源环境中所获得的实际利益是彼此独立的这样一个逻辑。也就是说，拥有了个体财产权利就能获得最终的利益，因此针对自然资源建立清晰的产权制度便可以保障个体权利的实现。

而目前对自然资源产权市场交换机制的理论争议，已经反映出部分比如生态学、法学等领域的学者逐渐开始意识到上述研究及实践中的问题，即个体层面对某些资源的财产权利并不是相互独立、可以清晰分割的。在关注对土地资源的财产权利本身的基础上，更需要关注和讨论权利人获取利益的过程与社会、生态网络之间的复杂关系。这样带来的启示便是，在矿产资源开发过程中，对农牧民的利益补偿政策及相应的草场产权配置应首先充分深入地了解目标系统，重视资源利用过程中的相互作用及其复杂性。在这方面，尤其是在一些当地居民直接依赖自然资源为生的地区，清晰的私有产权或许是一种保障当地居民权益的手段，但并不是唯一手段。

提出有效方案的前提在于了解当地居民从自然资源中获取实际利益的过程与所在社会生态系统之间关系的复杂性。比如在欧盟的“农业环境计划”中，将农场主作为公共物品的提供者进行补偿，以此来保护生物多样性，但是基于农场尺度的个体补偿，并没有实现将景观作为整体进行管理的目标，因此一些学者提出了“聚群奖励（agglomeration bonus）”的方式，以寻求重新整合个体牧场主的途径（Parkhurst & Shogren，2007）。

再如，在巴布亚新几内亚 Lihir 岛的金矿开采项目中，起初为了让当地居民获得清晰的补偿，当地的社区逐步采纳了私有产权制度，以替代原本传统上的自然资源社区共用制度，但私有产权制度固化了人与土地的关系，只有位于开采区域（刚好位于当地神山的位置）的村民有权利获得补偿，而传统上当地社区一直是共享这片区域的资源，因此矿产资源开发实际上对开采区域之外的村民的生产和生活造成了影响，但在以私有土地产权制度为基础而建立的补偿机制下，这部分村民受损的利益得不到保障。此外在执行私有化后，当地人需要动用自身资源证明某块土地是自己的，这一过程中精英占有了更多的土地，妇女等弱势个体因为社会资源的限制而难以证明自己和土地的关系，最终导致补偿的缺位，而这类问题在以往当地社区保持自然资源集体共有的状态下是并不存在的。基于这样的现状，一些学者提出有必要重新考虑传统的共有产权在兼顾弱势群体利益、保障社区群体共同利益主张方面的作用（Macintyre & Foale，2007；Foale & Manele，2004）。

同样地，诺贝尔经济学奖得主、制度经济学学者Elinor Ostrom（1990）也提出，针对于海洋、河流、公共渔场、公共牧场这类超过一定阈值便具有消费竞争性、但排他成本很高的公共资源性物品，相比于大量政治经济学家提出的明晰产权制度、强化私有产权、引入市场机制的管理模式之外，基于社区的共有产权在一定条件下能够更公平有效地对该类自然资源进行配置。

第三章

权益视角下对自然资源产权配置的再认识

基于上文对自然资源产权配置理论研究进展及其争议的梳理，可见在自然资源管理领域，特别是一些当地居民直接依赖自然资源维生的地区，学者们逐步意识到社会系统和生态系统之间存在复杂的耦合关系，因此在对自然资源进行管理时，不仅应关注居民所享有的财产权利本身，更应当关注财产权利与居民所处的社会系统、生态系统之间的复杂嵌套关系。

部分学者在这一认识的基础上，通过对已有产权理论不足的梳理，提出了“权益（entitlement）理论”，将对物质所享有的权利（endowment）与依靠物质获取的实际利益（权益）分开，权益更多地嵌套在权利人所在的社会和生态系统当中。

为对研究所提出的现实问题背后的理论机理进行分析，本章通过梳理权益理论的提出背景、权益概念的含义及应用、权益理论对社区共有产权资源管理的认识等，建立了相应的“矿产资源开发对农牧户个体的草场产权和权益影响分析框架”。

第一节　对社会网络的关注及权益概念的提出

一、产权模型的演变过程

随着社会的发展，人对产权的认识也在不断的迭代升级，以解决不同历史情境下的资源分配的问题。目前来看，这个过程大致上可以分为三个阶段。

其一，古典产权理论主要强调物质的所有权，故称其为“所有权模型（ownership model）”，该模型强调个体关于财产的自由的、实际上几乎不受法律限制的权利，不需要政府的干预，包括使用、排他和让渡或处置的权利（Becker，1977），这也是20世纪之前各学派关于产权概念的核心。该模型很直观地强调所有者个体对于物质的权利的保障，认为所有者有自由使用、支配该物质的权利，但该模型由于没有从根本上反映出产权所界定的人与人之间的关系，也因此广为之后的学者所质疑。这种人与人之间的关系体现在一个人对于产权的主张必定会影响到他人的利用，这里的“他人”包括其他的所有者和非所有者。因此，所有权模式面临的一个悖论是，在强调个人（所有者）的自然权利的同时，也经常与个人（非所有者）的自然权利发生冲突（Singer，2000）。

其二，认识到所有权模型的局限性，20世纪上半叶，Holfeld（1923）提出“权利束”模型（bundles of property rights），并成为产权理论的主流。该模型认为，一个物的多种效用可以被赋予不同的权属，从而形成一束权利束。进而这一组权利束中的每一项权利可以分配给不同的个体，并在法律关系上加以界定。权利束模型不再强调产权的物的属性，而认为产权本质上是权利；同时强调产权本质上是人与人的关系，而不是如表面上的人与物的关系。权利束模型能够促进某个物的多重效用在不同个体之间的利用和配置，从而提高经济效率，因此该模型受到经济学家的青睐（Singer，2000）。

其三，不论是所有权模型还是权利束模型，其所强调的都是“谁拥有权利”，而且强调的都是“私有”这样的一种社会关系，因此便忽略了产权所有者除了拥有权利之外，还必须遵守义务这样一个重要事实。仅仅关注权利而忽视义务，最终会导致社会公平和公正问题。因此，在前两种产权模型会导致社会公平和公正这方面不足的基础上，同时考虑到产权本质上所表达的是人与人之间的关系，20世纪后期的一些学者认为产权概念构成了社会关系的轮廓，因此提出权益（entitlement）模型，更多地将关注点转向对产权与社会网络之间的关系研究（Singer 2000；Leach et al.，1999）。

二、权益概念模型的含义及应用

（一）禀赋与权益的区别：从财产权利到实际利益

很多关于人与环境之间关系的研究分析，包括一些对基于社区的可持续发展模式进行描述的研究，对于人与资源可获得性之间的关系采取的都是一种简单的、线性的关系，这种关系只会受到一些诸如技术水平方面因素的影响（Ehrlich & Ehrlich，1997）。这样一种认识主要是基于马尔萨斯模型，而在这种认识下，社会行动者（social actors）在制度方面的可操作空间是非常有限的。

但是随着社会的发展，一部分学者发现，现代社会出现了依法拥有土地产权的家庭仍然面临贫困的问题，由此引发了对于entitlement这一概念的关注，该概念本身是一个法学范畴的词汇，其本意是在社会平等（social equality）和法律授权（enfranchisement）概念下的应得权益，因此本研究在此将entitlement翻译为“权益”，即是依法[1]所得的利益。由于法律强调人们之间权利与义务之间的关系，因此权益（entitlement）暗含着这种权利与义务是相互伴随的。

与权益（entitlement）相对应的另一个概念是endowment，这两者之间的不同在于，endowment更多指的是一种“禀赋”，或者天然的权利（natural rights），比如土地、劳动力等，这种禀赋最终有可能被拥有它们的人转化为实际的利益，也有可能没法被转化为实际的利益（Leach et al.，1999）。由天然的权利向实际利益转化的过程，便是禀赋（endowment）与权益（entitlement）之间的差别。在这一认识下，资源的财产权利与从资源中获取的实

[1] 这里所说的依法所得的利益最初在Sen（1981）的研究分析中指的主要是正式的法律规定，而后随着发展，非正式的民间规则也被纳入到了其中，因此这里的“权益（entitlement）”指的是正式法律和非正式规则下的所得利益，下文会对此有所展开。

际利益便被分开了，后续一些研究也支持了这一观点，比如Ribot和 Peluso（2003）在其研究中提出权利只是众多可以获得利益的途径或步骤之一，而不是最终的目标，甚至可以说对于某一种资源（例如土地）的所有权并不能保障能获得直接的收益，所有权（ownership）或者获得权（access）需要通过一系列正式或者非正式的制度才能被转变为最终实际的利益（权益）。这些制度可能能够促进人们获得利益，也可能限制人们对于利益的获取，具体取决于它们在现实中是如何运作的（Ntshona et al.，2010）。

沿着这一思路，权益理论模型实际上所要强调的，一方面是在禀赋的基础上关注后续对权益的保障，即如何通过制度来保障权利人所具有的禀赋能够转化为实际的利益；另一方面是不同于所有权模型和权利束模型对于“天然的权利”的主张，权益模型关注政府与个体、个体之间、产权所有者和非所有者之间的关系，以及这样的社会网络对最终所获利益的影响（Leach & Mearns，1991；Mearns，1995，1996）。

（二）权益理论框架的发展：从正式制度扩展到非正式制度

权益这一概念分析框架最初被 Sen（1981）用来分析为什么某些人或者群体所掌握的权利不足以保障他们从自然资源中获取到实际利益。Sen通过对一些历史上的大饥荒进行分析发现（如表3-1所示），大饥荒出现的年份其人均粮食供应量并未出现明显的下降，甚至在1974年，孟加拉国反而在粮食可供应量的高点时出现了大饥荒，当年的粮食可供应量为1971年至1976年间的最高峰。通过表3-1中可以发现，导致饥荒出现的更关键的问题在于粮食交换渠道的受限，如20世纪60年代发生的大饥荒，死亡人口最多的反而是农业大省。相应地，城市居民由于政府提供了粮食补贴、保障了低价，因此城市人口所受影响相对较小（Sen，1981；Drèze & Sen，1989；Drèze et al.，1995）。这些对饥荒案例的分析，试图将人们的注意力从马尔萨斯主导下的自然崩溃论这样一个从供给角度出发的理论转移到对权益的制度保障上，即资源的绝对短缺只是导致人们无法获得维持生计所需资源的诸多原因之一，更重要的是人们无法通过所拥有的权利和面临的信息、机会、渠道来获取供生存所需的资源。更具体地说，Sen认为贫困不仅仅是从财产角度出发的比别人穷，而且还是能够得到某些基本物质福利的机会比别人少，而解决贫困最终并不是解决收入问题，而是解决无法获得某些最低限度需要的能力问题（Sen，1981）。

上述内容具体参见表3-1所示。

表3-1 历史上的几次饥荒比较情况

时间	饥荒地点	人均粮食供给情况	主要灾民群体	粮食交换渠道
1943年	印度孟加拉邦	增加	农民	下降
1968—1973年	非洲萨赫勒地区	略微下降	牧民、农民	下降
1973年	埃塞俄比亚沃洛省	保持稳定	农民	下降
1974年	埃塞俄比亚哈勒尔盖省	少数地区下降	牧民	下降
1974年	孟加拉国	增加	农民	下降

数据来源：Sen，1981；Drèze & Sen，1989；Drèze et al.，1995；何爱平，2007。

在Sen所设定的情景中，权益被定义为“一个人凭借他或她所拥有的权利及其所面临的机会、信息、渠道，在社会中有效支配和获取一系列可供选择的物品的能力，以改善自己的福利”，而获得物品的途径包括基于继承和转让（heritage & transfer）、基于自己的劳动力（labor）、基于劳动生产（production）和基于交换（exchange）这四种途径，其中，前三种都是通过禀赋来获取物品，最后一种则是以交换为基础来获取物品。

值得注意的是，最初Sen提出的通过交换来获取物品以提高福利时，这里的交换途径主要指的是通过市场的交换途径，或者政府提供的社会和就业福利这类法律规定下的正式制度。而后，包括Sen自己在内的很多学者发现Sen最初建立的权益理论框架忽略的是，一些非正式制度同样会对最终物品（实际利益）的获取产生重要影响，这类非正式制度包含社会关系、由社区赋予的习俗权利等方面。因此他们构建了所谓的“扩展权益框架（extended entitlement）”，至此，禀赋向权益转化过程中对于制度的关注从正式法律规定制度扩展至全社会认可的一些规则，将正式制度之外的非正式制度也纳入了进来（Gore，1993；Gasper，2010），由此权益理论分析框架也得到了进一步的扩展。

Leach等（1999）在此基础上进一步将这一框架运用到了环境资源管理领域，在其所构建的资源权益分析框架中，禀赋被理解为社会行动者所掌握的权利和资源，可以理解为土地、劳动力、技能等，而权益则是社会行动者通过其合理有效控制的环境物品所能获得的利益或者效用，这可以体现为直接利用的利益，比如从中获取食物、水或者燃料；也可以体现为交换、出售资源以获得其市场价值；也可以是享受资源所提供的环境服务，比如污染降解或者水循环。

这样划分的重要意义在于，环境资源禀赋本身并不一定能为人们带来福利水平的提高，提高人们福利的很可能是环境资源权益，这就如同树本身不一定能够提高人们的福利，然而树所产生的木材能够被用作燃料来取暖或者做饭，因此福利水平才得以提高（Leach & Mearns，1991；Leach et al.，1999）。因此，该框架意在强调不同的制度安排（比如法律、组织、本地规则、道德）在保障实际利益方面的重要性，这些制度的强化或者削弱会提高或者限制人们从资源中所获取的利益。

第二节　权益概念模型对社区共有产权资源管理的认识

一、社区共有产权下权益关系的模糊性

对 Sen（1981）用于分析饥饿与贫困问题的权益理论框架进行梳理可以发现，其所针对的分析对象主要是个体或家庭，或者其他一些同质化的“经济人（economic class of people）”，比如佃农、牧民等。这背后的逻辑是，这样的一些“经济人”是独立可以互相替换的，这些“经济人”在不同层面上的聚集便会形成不同层面的群体，因此这样一些“经济人”被视为“有代表性的个体（representative individual）”，也是一种“标准化的工具（standard device）”，将其聚集便可以用于分析家庭（household）、群体（group）和某一阶层（class）等群体（Osmani，1995）。

但实际上，一个群体内的个体间往往并不是同质化的或者有标准代表性的，因此某一个体或组织在资源（或物品）上的产权关系是多层面的、复杂的，甚至不同个体或者群体会在某种资源或者物品上产生争议。这种争议往往出现在权利主体的垂直分布方向上，而不是水平方向上，即不同垂直水平上的个体聚合对于资源（或物品）会产生不同的主张，这些个体并不是离散的（彼

此之间并非没有重叠的身份关系），也无法在相同的资源上具有清晰的排他性的所有权（ownership）或获得权（access）（Devereux，1996）。图3–1给出的便是垂直分布的群体（资源决策单位），这些群体之间彼此都是有所重叠的（Bromley，1989）。

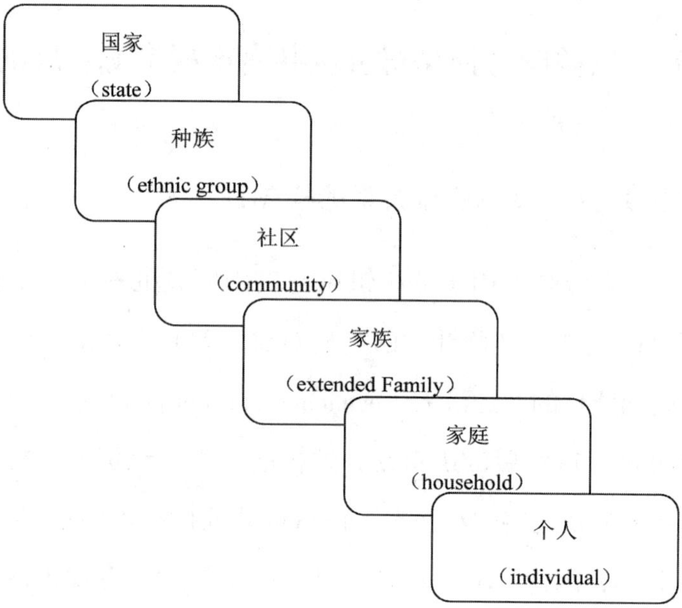

图3–1　资源决策单位（群体）的垂直分布情况

数据来源：Devereux，1996。

当不同垂直水平上的群体对相同的资源持有不同但有效的权利主张时，Osmani（1995）等人提出的“有代表性的个体”这一概念便没有办法在其中进行运用，这一情况在很多发展中国家的农村地区广泛存在。在发达国家，产权结构通常是由清晰划定的个人所有权构成，所有权人享有对资源的专用权，同时拥有法律制裁的权力以阻止他人对该资源进行利用。而在发展中国家的农村社会中，上述严格的个人所有权概念并不流行，取而代之的是在社区所有权下，个人和社区集体同时对社区集体内的资源拥有个人和集体的产权权利，而这主要是由其社区成员的身份决定的（Ellis，1993），这种情况的一个典型代表就是社区共有产权模式（community based common property regimes）。但事实上，Sen对于这种情况并没有给予过多关注，抑或说Sen从来没有尝试将权益理论框架用于以个人或者家庭为单位的资源分配之外的情况中（Devereux，1996）。

图3-2描绘的是对于同一种资源（或物品）所主张的不同等级的权利，其中，“所有权（ownership）”权利是最强的，相较而言，“获得权（access）”权利是最弱的。具体而言，所有权可以授予图3-2中的其他权利。控制权（control）指的是决定使用和排他的权利，获得权或利用权（access or utilization）指的是仅存在某些使用的可能（Devereux，1996；Hodge，1995）。在共有产权下，对于某一资源的所有权、控制权、获得权往往是分开属于不同的权利主体——即在使用者和所有者之间出现分离。

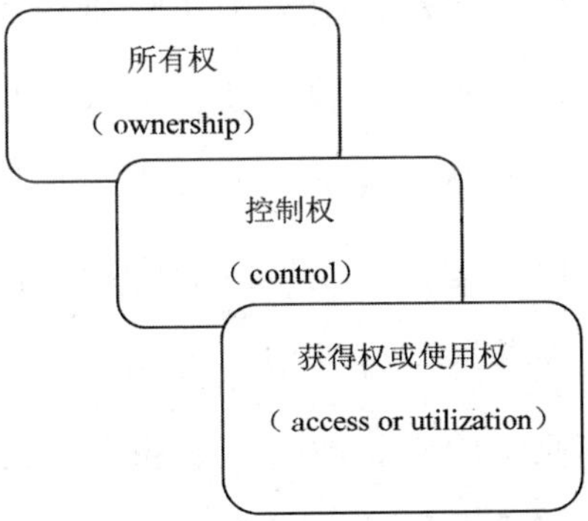

图3-2　不同等级的财产权利的垂直分布情况

数据来源：Devereux，1996。

如果单纯从集体层面出发，共有产权下的权益关系并不模糊，共有产权制度赋予了社区整体在使用和管理共有资源方面良好的权利和责任。大部分的模糊性出现在个体与他们所在的组织（社区）这样一种垂直关系上，即是说出现在对于共有产权资源存在权利主张的个体与具有能够分配财产权利的社区之间（Scoones，1995；Mearns，1996；Turner，1995；Bromley，1989）。

为了进一步了解共有产权制度下的权益关系所存在的模糊性的来源，有必要将对资源的权利主张（禀赋）与从资源中获取实际利益和效用的控制和获得能力（权益）区分开来。以一块国家所有、社区集体控制、个体牧民使用的“公共土地（communal land）”为例（如图3-3所示），在权利主张方面，法律上赋予了国家对这片共有土地享有最强的权利主张，而个体的权利主张是最弱的。因此，个体会被要求对土地的使用需要上缴税费给国家或者社区集体，甚至会因政府的一些决策而被强制要求搬离，比如将土地转换为国营农场、水坝、狩猎公园或者军事基地等。

与权利主张相反的是，权益（实际所获利益）随着权利主张的变弱反而变多。实际中农牧民获得的权益最多，这主要是通过对土地的利用来获取自己大部分的收入，尽管他们在法律上并不拥有土地，同时也不能控制土地的分配；社区集体（领导）通过对使用权的分配来获取“好处费”；相比下，国家只是象征性地从农牧民的农牧业生产中收取一点税费。在这个过程中，土地只是一种禀赋，并不是最终的权益，实际的权益是从在土地上放养的牲畜身上所获得的经济利益（Devereux，1996）。

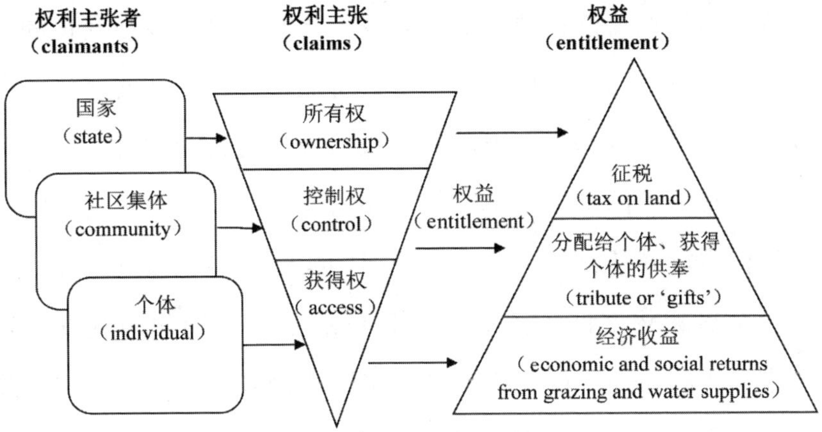

图3-3　共有土地下的权利主张与权益配置情况

来源：Devereux，1996。

二、社区集体权利被弱化对个体权益带来的影响

部分社会学家很早就认识到，社区集体或者某一个群体并不是其个体成分的简单加和，而是一个有机结合的整体（Durkheim，1964；Jentoft et al.，1998）。一支捕鱼船队远不是个体渔船的集合，而是一种特定情境下所形成的一个社会关系系统（Hernes & Sandersen，1998；Jentoft et al.，2003）。而Ostrom（1990）之所以提出"公共池塘资源"这一概念，也是为了强调对生态系统中不同自然资源的边界进行限定和划分是非常困难的，某一个体的举动很可能会影响到其他个体对于资源的分享和利用。个体从自然资源中获得利益的经济行为，原则上总是嵌套在个体所处的社会、生态网络当中（Granovetter & Swedberg，1992；Swedberg，2003；Larson & Wilford，2006），而不是一种割裂的关系。

一个社区集体中的个体在实际利益（权益）的获取过程中，作为管理目标的自然资源在受到外界干预时并非是线性变化的，而是在社会和生态相互耦合作用下具有非线性、复杂的变化特征（Leach et al.，1999）。因此对于自然资源进行管理时，仅仅关注权利（禀赋）的配置是不够的，还需要关注权利人（资源使用者）怎样看待其从自然资源中所获取的实际利益，以及这些实际利益与社区集体之间的关系，并且通过怎样多样化的制度安排（以集体权利为主、以个体权利为主，还是多样化结合）来保障权利人从这些资源中获取实际利益（权益）。

然而，市场经济通常被认为是管理社会发展的主要制度安排（Krippner，2002），大量研究认为如果产权被清晰定义（私有化）和很好地执行，并且交易成本足够低，利益相关方可以通过讨价还价（市场机制）来达到资源有效配置，在帕累托改进的前提下达到社会效用的最大化。但实际上市场交换机制只是资源分配的一种形式（Uzzi，1997），除此之外，在社会网络、社区组织的作用下，发生在诸如家庭、邻居等对等群体（symmetrical groups）之间的互惠机制，以及资源由社区集体（领导）重新再分配给个体的再分配机制，都是资源分配的重要途径。

基于私有产权建立的市场交换机制对于自然资源的管理和分配很重要，但是这种基于私有产权的交换机制并没有对市场背后的制度背景（the institutional dimension of the market），即社会、生态网络的复杂性给予足够关注。因此，一些学者认为私有产权并不能对自然资源管理在这方面的复杂性问题提供直接的答案（Hayek，1976；Capozza & Helsley，1990；Barrese，1983；Mills，

1989）。

过度依赖私有产权或者强化私有产权来构建市场交换机制，会打破个体从资源中所获利益（权益）与其所在的生态、社会网络之间的嵌套关系，导致资源使用个体的经济行为逐步脱离其所在的社会网络和组织。在这种情况下，社区组织会逐步失去对于内部资源管理和配置的能力，进而造成资源管理分配方面的问题（Giddens，1990；Ruddle，1993；McCay，1998；Ntshona et al.，2010；Kepe，1997，2008；Devereux，1996）。

第三节　矿产资源开发对农牧户权利和权益影响分析框架构建

通常意义下的社区集体在土地上还握有较强的所有权或控制权，土地尚未被清晰地划分到户的层面上，社区集体成员仍然共同使用社区范围内的土地及其相关附属资源。与这种土地共有产权制度有所不同的是，我国农牧区所施行的集体所有制虽然名曰“集体所有”，但实际上这种集体所有权更多的只是象征意义，目前在实际生产过程中，土地在农牧业用途范围内的使用权利已经清晰地配置到农牧户个体层面上，农牧户拥有对土地的使用（控制）和排他的权利，集体的权利在一定程度上被弱化，仅保留着部分资源分配的权利。

图3-4为我国干旱半干旱区村集体、农牧户个体的草场财产权利与权益配置情况。在草场承包到户后，集体拥有草场（土地）的所有权，而草场实际的使用（控制）和排他的权利则是在农牧户手中。从权益理论视角出发，除农牧户对草场资源所拥有的使用和排他的权利外，更重要的是农牧户能够依靠所拥有的草场资源以及草场上的地下水等关键资源及其提供的生态服务，来从事农牧业生产并获得实际利益（权益）。

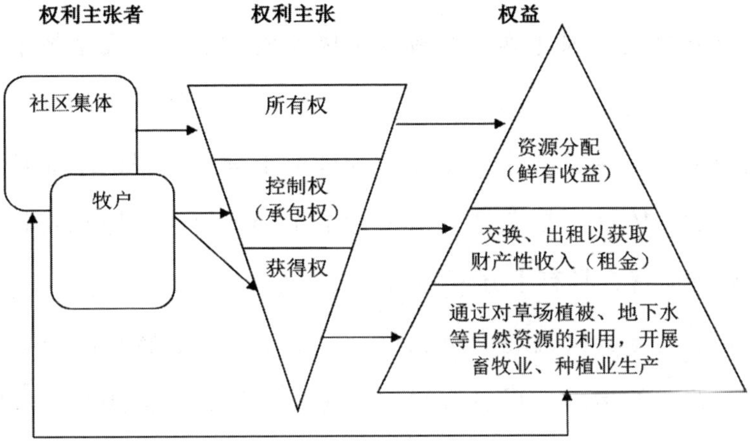

图3-4 我国干旱半干旱区村集体、农牧户个体的草场财产权利与权益配置

说明：作者基于Devereux（1996）提出的框架，并结合我国干旱半干旱区草场资源配置和农牧户生产实际现状绘制。

尽管地下水等资源按照相关法律规定归国家所有，农牧户并没有正式法律规定的使用权，但在现实中农牧户是可以对其进行利用并获取效用的，且这方面的利用对于保障农牧户的权益至关重要。更重要的是，不同于其他一些社会生态系统，在干旱半干旱区，尽管草场已经划分到户，表面上农牧民仅能够在自家分到的草场范围内，通过对草场资源、地下水及相关生态服务的利用来从事农牧业生产，并从中获取实际利益，但本质上这些实际利益（权益）是嵌套在其所在的社会生态系统当中，存在复杂的耦合关系，而非一种割裂的关系。这一点可以表现为，由于天然降水量的缺乏和地表水资源的缺乏，地下水资源是干旱半干旱区的草原维持植被生长、生态系统稳定以及农牧民农牧业生产的关键，同时干旱半干旱区的地下水补给过程更为复杂，补给的空间尺度可能更大，因此某一农牧户个体的农牧业生产及草场上的植被对地下水资源的依赖实际上是嵌套在社区集体所在的社会生态系统当中的。认识到这一点，对于理解干旱半干旱区草原社会生态系统的整体性、复杂性，以及对于干旱半干旱区草原和农牧户生产的管理而言，具有十分重要的意义。

基于上述从权益理论角度对干旱半干旱区农牧户的草场财产权利和权益的梳理，可见农牧户对于草场资源的使用和排他的权利，与农牧户依靠所拥有的草场资源及草场上的地下水等关键资源来从事农牧业生产以获得实际利益（权益），这两方面是分开的。对于草场资源的权利是保障农牧户获得实际利益的一种途径，但并不能保证最终一定能够获得实际利益，农牧户个体所获的实际利益（权益）嵌套在其所处的社会生态系统当中。反过来，矿产资源开发给农牧户造成实际利益受损，也并不一定体现为农牧户对于草场的财产权利受损。因此，有必要分析在矿产资源开发过程中，农牧户个体权益（实际利益）的受损与农牧户个体对草场的财产权利所受影响之间有什么不同，以及农牧户权益所受损害与农牧户所在的社会生态系统之间存在怎样的关系，通过何种产权配置方式能够更好地体现这种关系。带着这样一种思路，本书在图3–4基础上，结合矿产资源开发对农牧户草场资源权利和权益所造成的影响，来构建整体的理论分析框架。具体参见图3–5所示。

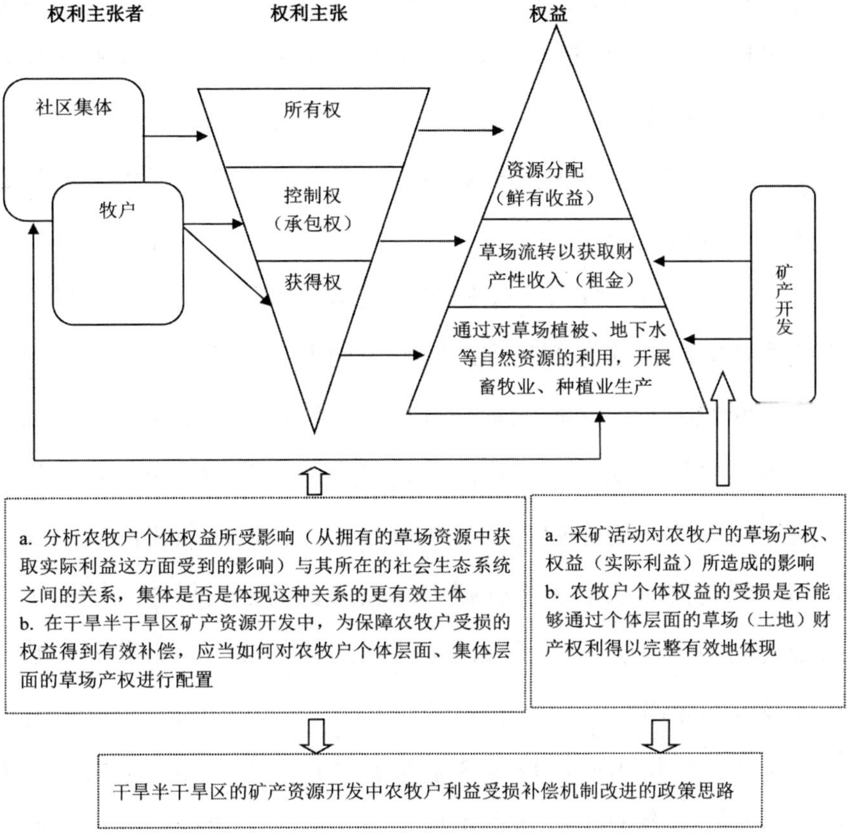

图3–5　干旱半干旱区的矿产资源开发对农牧户个体的草场产权和权益影响分析框架

以图3–5所建立的理论分析框架为基础，本书将从如下几方面对干旱半干旱区矿产资源开发过程中的利益受损农牧户的补偿机制进行理论分析：

首先，分析矿产资源开发活动对当地农牧户个体的草场财产权利和权益（实际利益）所造成的影响之间的区别，进而分析农牧户权益的受损是否能够通过农牧户个体层面的草场控制权利

（承包经营权）得以完整有效地体现？若不能，进一步探讨其原因：是因为个体层面的草场财产权利还不够强化，应当赋予农牧户更为完整的草场财产权利，还是因为仅依靠强化个体权利在本质上并不能完整有效地反映农牧户个体权益在矿产资源开发过程中所受的影响？

其次，分析农牧户个体权益所受影响（从所拥有的草场资源中获取实际利益这方面受到的影响）同农牧户所在的社会、生态系统之间的关系，这种关系是否在以集体权利为主的补偿机制下能够得到更好体现？而目前以农牧户个体的草场承包经营权为基础建立的补偿机制作为一种交换机制，这种机制是否割裂了农牧户的实际利益（权益）所受损失与其所在的社会集体组织、生态系统之间的关系，阻碍了社区集体组织在资源的控制和再分配方面应发挥的作用？

最后，分析当矿产资源开采对农牧户的生产和生活造成损失时，应如何充分基于农牧户个体、村（嘎查）集体的草场财产权利来对现有补偿机制进行优化，以保障农牧户个体的权益受损时得到有效保障。

第四章

矿产资源开发中农牧民所获补偿的有效性分析

本章为案例分析部分，以第一章所提出的“研究内容与方法”中针对本研究现实问题的部分为基础，选取了内蒙古自治区西部的鄂尔多斯市E旗和阿拉善盟A旗的两处——分别进行了煤矿开采和铁矿开采的案例地，以“对草场（土地）资源所受破坏和生产所受损失予以充分补偿，以保障农牧户原生计水平不下降”为准则，分析案例地农牧户在现行补偿机制下所获得的补偿是否有效。分析涉及采矿活动对草场资源、地下水等造成的影响，农牧户的农牧业生产因此遭受的损失，农牧户所获得的现金和物质补偿等。

这两处案例地的补偿机制均是建立在当地已经发包到户的草场承包经营权的基础之上，这在我国目前已经进行了矿产开发的干旱半干旱草原地区，是一种较为普遍的补偿机制建立方式。因此对这两处案例地补偿政策所产生的效果进行分析，对认识干旱半干旱区矿产资源开发中，农牧民现行利益补偿措施存在的问题，具有一定代表性。

第一节　矿产资源开发对内蒙古地区草原的影响概况

按照内蒙古自治区人民政府办公厅公布的《内蒙古自治区矿产资源总体规划（2016—2020）》，整个内蒙古自治区范围内有矿山4776家，其中，大型矿山213家、中型矿山366家，呈现出矿山数量多、但大中型矿山占比低的特征，近八成（78%）数量的矿山为小型矿山。

近20年来的矿产资源开采活动对内蒙古地区的草原资源造成严重破坏，不仅体现为采矿占用了大面积草原（全区被采矿活动占用土地面积为183521. 76公顷），同时矿产资源开发活动对地下水资源、草场植被、牲畜等造成一系列不利影响。这些不利影响彼此之间也不是相互独立的，而是相互紧密关联的。矿产资源开采活动除了在矿山、矿场区域内造成破坏之外，矿山废弃物中的碱性、酸性及其他有毒、有害成分会通过地下水和大气飘尘等方式会对较大范围内的土地、水域和大气造成不利影响，其污染影响的范围远超废弃物堆置和矿产开发所占用的空间（王广成，闰旭赛，2006）。

一、对草场（土地）的影响

矿产资源开发对于草场的不利影响主要表现在采矿活动对土地的占用、破坏，进而引发土壤污染、地面塌陷、水土流失、荒漠化等地质灾害，特别是在内蒙古西部地区，这些问题更为突出（杜雯翠，2018）。

由于内蒙古大部分地区属于干旱半干旱区，风蚀严重又进一步加剧了受到采矿活动影响的草场的水土流失情况。同时，由于采矿活动所产生的尾矿渣、废石、煤矸石等处理不当，形成的土壤污染源又会对于农作物生长、牲畜饲养等造成严重威胁。

此外，采矿活动也成为内蒙古地区地质灾害的主要诱因，比如，2016年内蒙古全区共发生地质灾害78起，其中，75起为矿山地质灾害，且58起发生在煤矿资源丰富的鄂尔多斯市，主要表现为采矿活动引起的草场地面开裂和塌陷（内蒙古自治区国土资源厅，2017），对矿产资源开采地农牧户的生产和生活造成严重影响。

二、对地下水资源的影响

矿产资源开发对草场水资源的破坏和污染，体现在下面两方面：

一方面，体现为采矿活动会直接造成草场的地下水水位下降、水质被污染等问题。比如煤矿资源开采过程中产生的大量矿井水，会造成地下水资源出现悬浮物污染、有毒有害物质污染及放射性污染（乔世明等，2017）。通辽市、锡林郭勒盟、鄂尔多斯市等矿产资源集中地区的水源地取水水质在浑浊度、氯化物、铁、锰等方面均有超标（内蒙古自治区生态环境厅，2020）。

另一方面，采矿活动产生的粉尘、废气等还会造成酸雨的出现，进而间接造成水资源受到污染。《2019年内蒙古自治区生态环境状况公报》数据显示，通辽市降水样品中有酸雨检出，其pH值为5.44。酸雨在进入土壤后，也会直接危害到农牧户所饲养的牲畜、所种植的作物以及草原植被（宋蕾，2012）。

三、对植被、牲畜的影响

矿产资源开采活动会直接造成草场植被遭受破坏，特别是内蒙古地区多数矿山采用露天开采的方式，对草场植被的破坏更为显著。

除采矿区外，排土场、尾矿库、工矿建设用地及矿区道路等均会对草原植被产生破坏。比如在包头白云鄂博矿区，工矿区建设占用的土地类型中，草原面积占比达到91.41%，占用和毁损草原面积达2872万平方米（白淑英 等，2016；卞正富，沈渭寿，2016）。各类采矿设备、运输车辆在草场上的随意穿行，对草场植被造成了严重碾压，并且这种影响的范围很难确定具体的面积。

这些采矿活动对草场植被的影响，以及上文所提草场土地、地下水资源所受影响，最终都会作用到农牧户所饲养的牲畜上，影响农牧户的生计。一方面，大量草场被采矿活动占用，导致可用放牧面积大幅缩减；另一方面，植被和地下水资源被污染会直接影响牲畜的健康状况，造成疾病和死亡率上升。

第二节　内蒙古鄂尔多斯市E旗案例研究

一、案例地田野调查情况

（一）自然环境与经济社会背景

E旗位于内蒙古自治区西南部，地处蒙陕宁三省份交界处。北靠鄂托克旗，南隔长城与陕西省搭界，东隔黄河与宁夏回族自治区相望，西与乌审旗为邻，全旗总面积1.22万平方千米。

全旗辖4个镇、1个自治区重点工业园区、68个嘎查村、16个社区，根据第七次全国人口普查结果数据，全旗共有常住人口92724人，其中蒙族人口占总人口的21.67%，种植业与放牧畜牧业相结合为当地牧民的主要收入来源方式。

其一，地貌及气候方面，E旗全境海拔在1160～1564米，主要由毛乌素沙地和鄂尔多斯梁地两大地貌构成，硬梁地占全旗总面积的31.64%，主要分布在西北部，地下水埋藏较深，多数地区在50米以下，个别地区超过70米；沙地占到全旗总面积的60.53%，主要分布在东南部的毛乌素沙地腹部，地下水位2～3米。气候上属于典型的中温带干旱、半干旱大陆性气候，年平均降雨量265.5毫米，年平均蒸发量2514.8毫米，无霜期180天左右。

其二，矿产资源禀赋方面，E旗具有丰富的煤炭资源，主要分布在位于旗西北侧的S镇境内，与宁夏宁东煤田属同一煤系，石炭二叠纪和侏罗纪两种含煤地层同处一地，分布面积4000多平方千米，截至2013年已探明储量142亿吨，远景储量500亿吨以上。

本研究案例地A村、B村、C村就位于S镇经济开发区范围内，三个村草场的承包经营权均在2000年前后被划分到户使用。从2004年开始，当地推行“禁牧休牧”政策，在该政策下，农牧户不可以再在草场上进行放牧活动。此外，尽管该政策下，当地政府没有鼓励农牧户种植农作物，但也没有明令禁止，因此当地农牧户扩大了自家水浇地的面积，用来种植玉米、西瓜、果树、经济树种等，同时部分牧户还通过修建棚圈而保留了少量牲畜。

其三，矿产资源开发方面，三个案例村所处的S镇经济技术开发区是以煤炭开采、煤化工、煤电为主的大型煤炭基地，同时也是我国“十二五”期间重点建设的14个大型煤炭基地之一——宁东煤炭基地的重点组成部分。

从2006年开始，以山东能源新矿集团和山东能源临矿集团为主的两家大型国有采矿企业，进入三个案例村所在的范围内进行煤炭开发和煤化工生产，并陆续在当地建设了8个大型煤井（长城一号至六号井、榆树井、新上海庙一号井）。

2014年全年，S镇经济技术开发区创造产值130亿元，贡献了全旗28.6%的财政贡献收入（约4亿元）（2015年S镇经济技术开发区管委会访谈记录）。

此外，当地在进行煤矿开发后，煤矿企业对其所占用范围及采空范围内的农牧户实行了搬迁措施，绝大多数草场被煤矿企业占用的农牧户已经不再在草场上居住和从事农牧业生产。

（二）田野调查及数据获取情况

调研数据信息主要通过田野调查的形式获取，田野调查进行于2015年7月至8月，采用半结构式调查与深入开放式访谈相结合的方式对三个案例村中随机挑选的农牧户进行调查，总共收集到了79户农牧户的信息数据。其中，被煤矿直接占用草场的农牧户有46户（58%），草场邻近煤矿但未被占用的农牧户有33户（42%）。79户农牧户在三个案例村中的分布情况如表4–1所示。

表4–1　受访牧户在三个案例村中的分布情况

嘎查名	总户数	调查户数	调查比例（%）
A	102	28	27.45
B	150	30	20.00
C	78	22	26.92
合计	330	79	23.94

数据来源：根据2015年田野调查访谈记录整理。

此外，本研究还与案例村的领导、S镇政府、S镇经济开发区管委会、E旗国土资源局、E旗农牧局等进行了深入的座谈调查。整体上，田野调查所收集的信息数据涵盖了农牧户的畜牧业生产状况、采矿对草场资源及生产生活的影响情况、农牧户收入方式和收入水平变化情况、农牧户所获补偿情况、当地矿产资源禀赋以及采矿企业生产情况等方面。图4–1为8个煤矿井、焦化厂以及采矿企业为生产需要所建设的抽水深井在三个案例村的分布示意图。

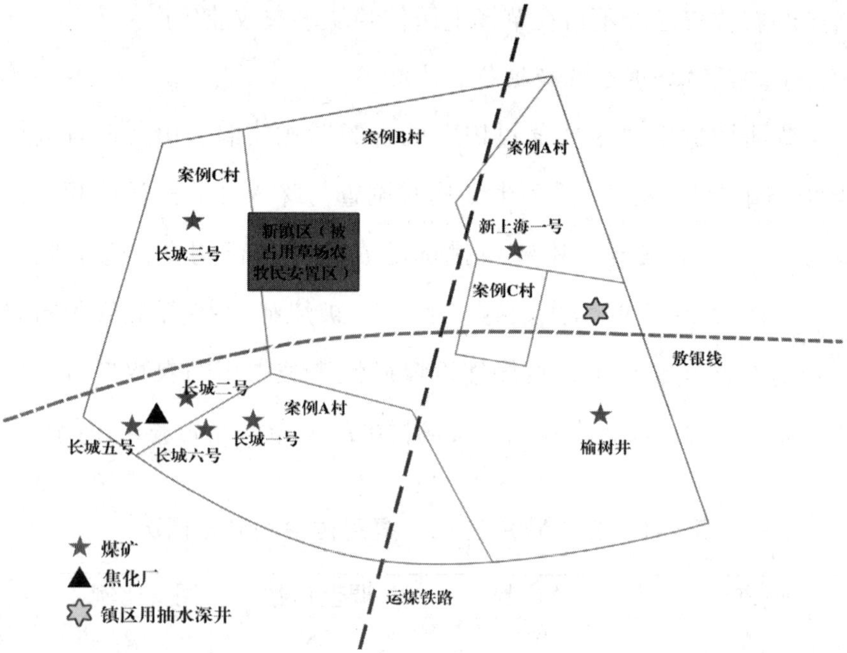

图4–1 采矿企业矿井及其他生产设施在三个案例村的分布情况简图

数据来源：根据2015年田野调查访谈记录整理。

二、矿产资源开发对自然资源和农牧户生产和生活造成的影响

（一）对自然资源造成的破坏

煤炭资源的大规模开发对案例地的草场等自然资源造成了严重的破坏，这种影响首先体现为采矿企业在进入当地并从事煤炭开发过程中，直接占用和破坏了大面积的草场。具体而言，在2006年到2015年之间，三个案例村的60万亩草场中，山东能源临矿集团和山东能源新矿集团在煤炭资源开采过程中，陆续直接占用了共计18万亩草场。除生产设施直接占用的草场面积之外，三个案例村另有大面积草场因为采空问题或地下开采过程中对地质

结构造成的破坏而出现下沉和塌陷问题。截至2015年，三个案例村草场中被划入采空区、塌陷区的草场面积共有40万亩。图4–2为煤炭开发采空区、塌陷区所拍实景，从中可以看出位于采空区的草场明显下沉低于路面，草场的塌陷下沉也造成了农牧户家庭所居住房屋的墙体和地面开裂（如图4–3所示）。

图4–2　案例地煤炭开发造成的草场采空区、塌陷区

图片来源：2015年田野调查时拍摄。

图4–3　煤炭资源开采引发的草场塌陷、农牧户房屋开裂

图片来源：2015年田野调查时拍摄。

除上述草场被占用、下沉塌陷的问题之外，煤炭资源开采及加工生产也极大地改变了当地的用水分配情况，造成了当地地下水位的下降，同时煤炭开采和加工过程中产生的污染还造成了地下水水质的变差。

案例地所在区域的年降雨量不足300毫米，蒸发量却超过2500毫米，地表水系不发达，传统上当地农牧户的农牧业生产等经济活动无法依靠天然降水和地表水，主要依靠抽取地下水来维持。同时，煤炭资源开采和加工行业本身是一项高耗水的产业，从图4–4中可以看出，煤炭资源开采过程中的每个环节都大量需要水，案例地的煤炭资源开采及加工活动耗用了当地大量的地下水资源，极大制约了当地农牧户对水资源的可获得性。

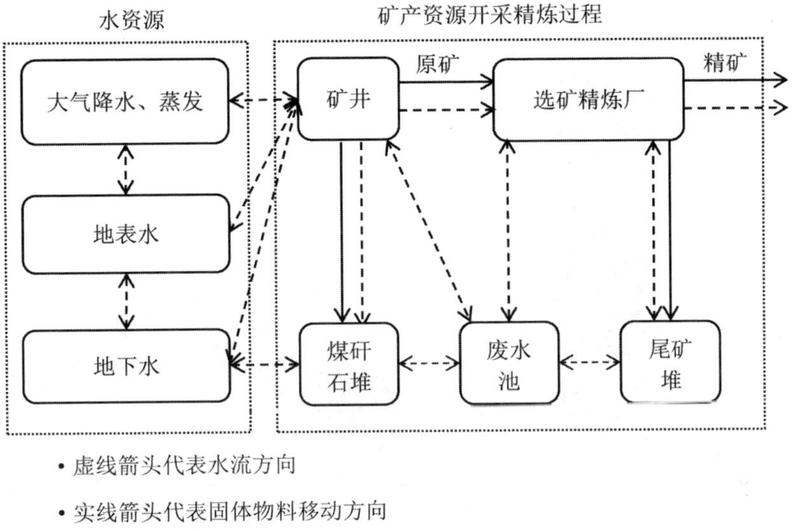

图4–4　煤炭资源开采生产过程与水资源之间的关系

以S镇2015年全年的地下水使用分配情况来看（如图4–5所示），当地全年煤炭资源开采及加工所耗用的地下水量约为1400万立方米，远高于全镇的农牧业灌溉用水水量和人畜饮用水水量。而在进行煤炭资源开发之前，当地最主要的地下水去向是农牧业灌溉用水和人畜饮用。

除了大量耗费地下水资源之外，煤炭开采和加工过程还给当地地下水造成了严重污染问题。

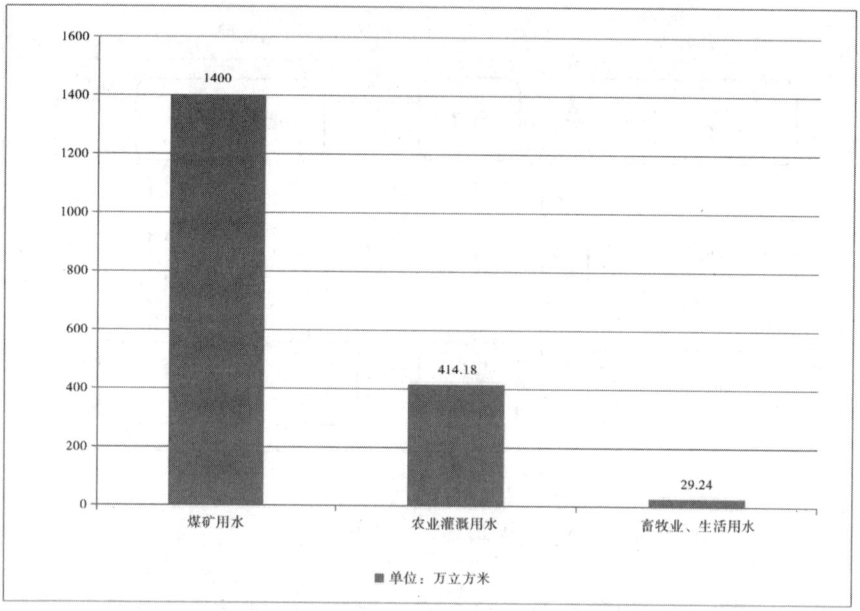

图4-5　2014年S镇地下水使用分配情况

数据来源：根据2015年S镇政府访谈记录整理绘制。

表4-2为三个案例村在进行煤炭资源开发后，受访农牧户对于地下水资源水量和水质变化的感知情况。从统计结果可见，包含草场直接被煤矿企业占用和草场未被煤矿企业占用在内的79户受访牧户中，绝大多数牧户（71%）认为煤炭资源开采后，自己家草场上的水井，水位出现了下降。

表4-2　受访农牧户对当地地下水变化的感知情况统计

影响类别	草场被占用农牧户（46户）	草场未被占用农牧户（33户）	总户数（79户）	所占比例（%）
水位下降	28	28	56	71
水位上升	1	1	2	3

（续表）

影响类别	草场被占用农牧户（46户）	草场未被占用农牧户（33户）	总户数（79户）	所占比例（%）
不了解水位变化	17	4	21	26
水质变差	27	21	48	61
水质变好	0	0	0	0
不了解水质变化	19	12	31	39

数据来源：根据2015年田野调查访谈记录整理。

对于地下水水位下降的感知情况，受访农牧户有自己的一些表述方式，具体如下。

“旗水利局位于镇区附近的地下水监测点检测发现，2014年一年时间里地下水水位下降0.98米。”

“地下水少了，现在再用原来的粗管子抽水一抽就抽干了，都得换成细管子抽水了。”

“用5.5（千瓦）的泵抽水不行了，一下子就抽干了，得换成3.5（千瓦）的小泵了。”

“开矿前2亩地1个小时就漫过来了，现在漫1亩就得1个小时了。”

“原来机井抽上来的水能喷出去3米，现在1米都喷不到了。”

“村里几十年前那种十来米的老井基本都枯了，现在打个机井都得50多米才能保证有水。”

“我自己有13口井，现在光枯了的就6口了。”

注：2015年E旗三个案例村田野调查访谈记录。

关于地下水减少的原因方面，接受本研究访谈的S镇分管农牧业工作的副镇长谈道："咱这边牧户家打的机井一般都超过30米深，有的深的得有50米甚至60米深，这么深的井天旱也影响很小，主要还是矿上的深井白天黑夜地不停抽水。"（2015年E旗三个案例村田野调查记录）

受访农牧户中有两户认为地下水水位上升的，其情况较为特殊，因为该两户的草场位于煤矿废水池附近，且草场整体地势略低于废水池所在位置的地势，这两户农牧户认为是废水池的防渗工作做得不好，废水池的水回渗入地下，进而导致自家水井中的水位上升，但由于增加的都是污水，所以目前水井中的水已经不能继续用于农牧业生产。

除地下水水量减少之外，还有超过六成的受访农牧户（61%）认为在煤炭资源开采后，自家水井的水质出现明显下井，对于地下水水质变差感知方面，部分受访牧户的表述具体如下。

"地下水估计是碱性大了，机井抽上来的水浇完地干了后，地面上一层白白的。"

"用机井抽上来的水泡完茶叶，茶壶里一层绿绿的渣子，也分不清是啥玩意。"

"抽上来的水浇完地后渗管发黄。"

注：2015年E旗三个案例村田野调查记录。

值得注意的是，33户未被煤矿企业占用草场的农牧户中，有高达28户（85%）认为自家草场的地下水资源在煤矿开采后减少了，占到全部样本中56户认为地下水资源减少的牧户的一半；此外，未被占用草场的33户农牧户中，认为自家草场上的地下水水质变差了的也有27户（82%），占到全部样本中48户认为地下水水质变差的农牧户的56%。这种现象反映出，煤炭开采及煤化工生产对区域内的地下水水量和水质的整体性影响，其影响边界并不仅仅局限于煤矿企业所占用的地表范围内。

（二）对农牧户的生产和生活造成的影响

案例地的煤炭资源开采活动对草场资源及地下水资源造成的破坏，进一步作用到了农牧户的农牧业生产和生活上。在2004年禁牧休牧政策开始实施后，当地农牧户逐步转变了生产方式，除保留少量牲畜进行舍饲圈养外，绝大多数农牧户开始扩大水浇地面积，用于种植玉米、西瓜、果树及其他经济树种，水浇地的种植收入逐渐成为当地农牧户在禁牧补贴之外最重要的收入来源。由于当地天然降水和地表水资源的缺乏，维持这一生产的最重要生产要素便是地下水资源。而在煤矿企业进来后，煤炭资源开采及加工过程中对地下水资源的损耗和污染，严重影响到了农牧民通过水浇地种植经济作物这一生计维系方式，这主要体现为农牧户所种的榆树、樟子松等树种死亡率的上升，所种的玉米等经济作物产量的下降。这种作物病死的情况在受访农牧户中非常常见，对此部分农牧户在调研访谈中具体提到：

"估计是抽上来的水碱性大了，种啥都不行。"

"我种了5年的榆树、樟子松都死了，不是天旱的事，就是水不行。"

"桃树死得厉害，玉米反正也没以前长得好。"

"2013年我种了两行侧柏，现在都死净了，就是井水的事，浇过的地就跟霜打了一样发白，我拿到银川去检测查出有毒物质超标了。”

“我这3万株果树苗死了整整得有1万株。”

注：2015年E旗三个案例村田野调查记录。

需要注意的是，由于农牧户所种作物受到的影响主要是由于地下水量减少及地下水污染造成的，且上文分析指出，煤矿开采对地下水的影响表现为一定范围内的地下水水量和水质整体受到影响。因此，农牧业生产遭受损失的农牧户也不仅仅局限于草场被煤矿企业直接占用的范围内，大量草场未被煤矿企业占用的农牧户，其农牧业生产同样因为当地地下水资源整体性的减少和变差而遭受损失。

进一步而言，草场未被直接占用的农牧户，其农牧业生产在这一过程中所受到的影响甚至更为严重，这是因为，绝大部分草场被占用的农牧户已经放弃了农牧业生产，搬离到城镇居住，故而对这部分农牧户而言，因煤矿开采造成的地下水水量和水质变差对生计产生的直接影响要相对小一些。

三、受矿产开发影响的农牧户所获补偿的有效性分析

（一）案例地矿产资源开采方对农牧户补偿的基本规则

由于三个案例村的草场已经清晰地划分到户，由农牧户个体使用，因此在煤矿企业进入当地的过程中，在对所造成的影响进行补偿时本着占用了哪户的草场，就按照相应的占用面积对该户进行补偿的规则执行。

对被占用草场农牧户的补偿涵盖了对于草场（水浇地）及房

屋、水井、灌溉设施、作物等资源的一次性现金补偿，每年的补助津贴（当地称其为以工补农款）等多项补偿内容（如表4–3所示），相应的补偿标准由村集体、镇政府同煤矿企业协商确定，但村集体不参与补偿款的分配。

此外，被煤矿企业占用区域以及采煤造成采空塌陷区域范围内的农牧户，除获得现金补偿之外，煤矿企业在S镇新镇区建设了搬迁安置小区，并将这部分牧户搬迁至小区楼房中，具体的楼房补偿标准如表4–3所示。煤矿企业还为少部分农牧民提供了企业保洁、食堂、保安等工作岗位。在搬迁后，这部分农牧户基本不再从事与农牧业生产相关的生产活动。

表4–3　草场被煤矿企业占用的农牧户所获补偿

牧户类型	所获补偿内容
被征地农牧户	（1）草场（100元/亩）、水浇地（500元/亩）、麻黄/甘草地（600元/亩），以及其他地表附着物（树木、房屋、井、灌溉设施）等一次性现金补偿 （2）以工补农款，4万元/户·年 （3）征占地后安置楼房，每户70平方米（3人为基准，每多1人加25平方米） （4）补偿40亩水浇地（2011年前为补偿水浇地，2011年后则改为11万元现金补偿）
煤矿采空、塌陷区农牧户	（1）地表房屋、水井、树木、灌溉设施等一次性现金赔偿 （2）水浇地补偿，600元/亩·年起始，逐年递增30元 （3）草场补偿，10元/亩·年起始，逐年递增1元 （4）塌陷转移安置楼房，每户70平方米（3人为基准，每多1人加25平方米）

注：表中以工补农款及搬迁后安置楼房的补偿中所涉及的户，实际上指的是小户，即一户人家中若儿子已成家则额外算一户。举例而言，若一户人家中有2个儿子且均已成家，则该户在安置楼房分配和以工补农款领取时，均按照3户计算。同理，征地搬迁安置楼房补偿中所谓的“户”也是如此。

数据来源：根据2015年田野调查访谈记录整理。

（二）农牧户所获补偿的有效性分析

具体补偿获取方面，46户被煤矿企业直接占用草场资源的农牧户，平均在被占用时获得的一次性补偿款为61.69万元（人均8.17万元），在此之后，这部分农牧户平均每年还能获得8.87万元的以工补农款（人均1.17万元）以及新镇区的安置房。对于所获补偿的态度以及获得补偿后生活水平变化的感知，尽管部分农牧户因认为自家某一地块（水浇地或甘草地）被占用情况测量不准确而与煤矿企业或镇政府产生矛盾，但整体上该46户农牧户中，有超过半数的农牧户（24户，52%）认为所获得的现金补偿并不明显低于原本的农牧业收入，且搬迁至新镇区楼房后的生活对老人和孩子而言，相对更舒适一些，孩子的教育和老人的医疗更有保障。这部分农牧户对于目前生活的担心更多体现在楼房的居住成本太高以及担心自己能否适应城镇生活等方面。

对此，A案例村村长的看法是："其实这个补偿真不低了，还给你房子住，还给你钱拿，你想那些牧户少的也拿个几十万元，多的拿到二百多万元，这之后每年还有个4万元的以工补农，一家怎么着都能拿个两户的'以工补农款'，这又是8万块钱，这还旱涝保收，你以前放牧种地能挣多少钱，还得吃苦受累。"（2015年E旗三个案例村田野调查记录）

由此可见，对于案例地草场被煤矿直接占用或因煤矿开采造成草场塌陷的农牧户而言，在获得补偿后，这部分农牧户的收入及生活水平并没有出现明显的下降，甚至相比于过去的农牧业生产，在生计的稳定性上还有所提高。此外，这部分农牧户在补偿的支持下获得了其他收入来源途径，46户被直接占用草场的农牧户中，有9

户牧户（20%）利用补偿费用购置了相关设备来承包一部分煤矿企业的工程，另有11户牧户（24%）利用补偿款在城镇里开设了小商店，专门面向外来的大量煤矿工人出售食品及生活用品。

相比较于这类农牧户，补偿的问题更多出现在草场未被煤矿企业直接占用，但却因地下水资源的水量减少和水质变差等问题而遭受到农牧业损失的农牧户群体上。从上文可见，案例地进行的煤炭资源开采及加工活动所带来的影响除表现为被占用草场及其地表附属资源遭到破坏外，还表现为案例地范围内的地下水资源水量的减损和水质的污染，这种影响并不像采煤生产设施地表占用范围一样能够被清晰划定，田野调查中认为煤炭资源开发后地下水资源减少的农牧户中，有50%的农牧户其草场并未被煤矿企业直接占用；而认为地下水资源水质变差的农牧户中，也有56%的农牧户其草场并未被煤矿企业直接占用。但在现有草场承包经营权清晰划分到户的情况下，补偿机制主要建立在“谁家草场被占了谁家就能拿到矿上的赔款”这一原则上。对于草场未被直接占用的农牧户，尽管其农牧业生产生活因草场的地下水资源水量和水质的受损而遭受损失，却被排除在补偿群体范围之外，抑或说现有的补偿机制没能够有效代表这部分农牧户的权益。

相比于被直接占用草场后获得补偿的农牧户其生计水平的变化，部分未被占用草场（间接受到影响）的受访农牧户认为，那些被占用了草场也获得了补偿的农牧户现在的生活状况要比他们好很多。A案例村的某位自家草场未被占用的农牧民在受访时谈道：“哎呀，我们这个生活比人家那些被矿上征了地的人家差远了，人家那些从矿上都拿到很多钱，我们这个啥也没有，现在水不

行，还种啥死啥。但也是没办法，没别的收入只能继续种地，羊也不让放。”（2015年E旗三个案例村田野调查记录）

在这种心态的影响下，从图4-6中可见，调查的33户未被煤矿企业占用草场资源的农牧户中，有将近半数的农牧户（14户，43%）明确表示，自己现在希望能被煤矿企业征用草场并且获得补偿，这部分农牧户的思路整体表现为，与其像现在这样继续遭受煤矿开采污染但什么补偿都得不到，还不如让煤矿把草场占了，这样既能拿到现金补偿和新镇区住宅，还可以依靠补偿款从事其他生计。这一群体比例远高于明确表示不想被煤矿占用草场的群体比例（8户，24%）。此外，另有34%（11户）的农牧户表示自己还没想好草场是被占了好还是不占好，其想法大致呈现出一种矛盾状态：草场被占了会有补偿，但搬到新镇区不知道能不能适

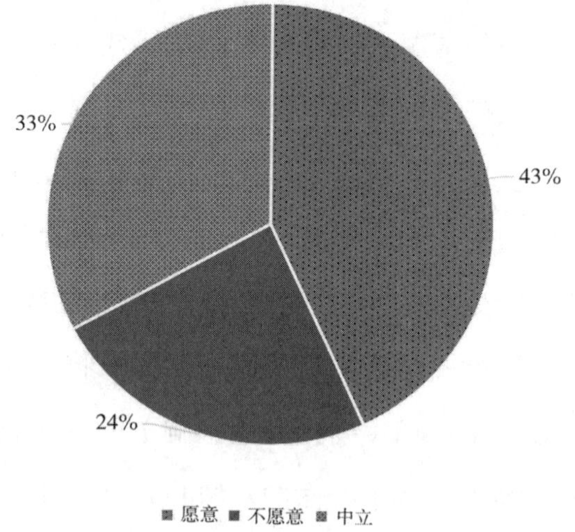

图4-6 未被煤矿占用草场的农牧户关于“是否愿意草场被煤矿占用”的态度

数据来源：根据2015年田野调查访谈记录整理。

应城镇生活；反过来，草场不被占用能继续从事农牧业生产，但煤矿开采对农牧业造成了严重损失，自己却又拿不到补偿。

针对这部分未被占用草场的农牧户，案例村的村领导也已经意识到，这部分农牧户在煤矿开采后家庭生产生活遭受了严重损失，但由于当地草场承包经营权已经清晰划分到户多年，且补偿机制就是建立在农牧户个体拥有的草场财产权利基础上，因此很难对未被占用草场的农牧户进行补偿。对此，田野调查中C案例村村长谈道："现在镇上也意识到地下水有问题了，好像听说是找人来测过了发现有问题，具体什么问题咱们也不知道。这两年政府开始给还在草场上住的农牧民定期从外面送水，好些农牧民家又建了水窖储水。但关键是现在地都分到各家各户了，不可能你家地没被占还给你补偿。"（2015年E旗三个案例村田野调查记录）

B案例村村书记谈道："确实是有些地没占的农户受影响了，但是地都分了，要是政府给他们也补偿了那就乱了。这样的户（没被占用草场的牧户）你去找矿上、找政府要也没用，现在地都是各家各户的，又没占你家的地为啥给你补偿，矿上要是真给这样的户钱了，那样那些真被占用了草场的农户还会有意见，凭什么他们家有着草场还拿着钱？现在条件最好的就是那种地被占了但又没全占，还能拿着矿上的钱并且能再种点树的，再搞点小工程的。"（2015年E旗三个案例村田野调查记录）

四、E旗案例研究小结

基于上述分析可以发现，在E旗的3个案例村，针对煤矿开采中遭受损失的农牧户的补偿机制主要是建立在已经发包到户的草场承包经营权基础上，煤矿开采方按照同当地政府协商确定的补偿标准，直接将补偿发放给被占用了草场的农牧户。但煤矿开采对地下水资源造成的影响远不止地表所占用草场的范围，由此造成了占用范围周边农牧户的生产遭受损失。

在案例地的现有补偿机制下，仅草场被直接占用的农牧户得到了相应的补偿，其生计水平在得到补偿的情况下没有出现明显的下降；相比之下，对于未被煤矿企业占用草场的农牧户而言，尽管其农牧业生产也因为煤矿开采活动造成的地下水水量减损和水质污染而遭受了较为严重的损失，但这部分农牧户并没有获得任何补偿，其生计水平出现了明显下降。

第三节　内蒙古阿拉善盟A旗案例研究

一、案例地田野调查情况

（一）自然环境与经济社会背景

A旗位于内蒙古自治区西部，贺兰山西麓，全旗土地总面积80412万平方千米，其中，天然草原面积8300余万亩（包括天然梭梭林350万亩、白刺720余万亩），耕地面积仅57余万亩（总播面积28余万亩）；全旗总面积的2/3为沙漠沙地，腾格里、乌兰布和两大沙漠横贯全境。年降水量80～220毫米，年蒸发量2900～3300毫米，属于典型的中温带干旱区。A旗草地植被具有更加明显的地带性分布规律，由东南向西北，依次为荒漠草原、草原化荒漠、典型草原，以旱生、超旱生、盐生和沙生的灌木、半灌木为植被的建群种（范明明，2015）。

A旗地广人稀，根据第七次全国人口普查结果数据，全旗共有常住人口17.67万人，其中，汉族占72.8%，蒙古族占20.79%，其他少数民族人口占6.41%。

草原畜牧业是该地区传统的资源利用方式，也是当地牧民最主要的收入来源，其中，旗北部地区以蒙古族为主，主要进行放牧畜牧业，饲养山羊和骆驼，是我国重要的白绒山羊及双峰骆驼的产区；南部以汉族为主，从事种植业、农牧结合以及放牧畜牧业。

作为本研究案例地的B嘎查，位于A旗北部山区的白绒山羊产区，案例嘎查居民绝大多数为蒙古族，以出售放养的白绒山羊和羊绒维生。

当地草场资源利用方面，嘎查于1983年将草场承包经营权划分到组，而后于1998年又进一步将草场承包经营权划分到户。草场划分到户时，嘎查共有牧户78户，草场按照1950亩/人进行划分。

矿产资源开发情况方面，案例B嘎查位于当地A产业园区内，该产业园区于2009年7月由A旗旗委、旗政府批准建立，进行矿业开采和生产加工。区域内矿产资源丰富，蕴藏着丰富的铁、铜、硅石、萤石、云母、石墨、铅、花岗岩、大理石、石膏、膨润土等，其中，已探明铁矿石储量2亿多吨，铜矿1000多万吨。铁矿开采生产成为当地的支柱产业，2009年全年产业园区的铁矿石开采生产实现的税收占全镇当年税收收入的85%以上（阿拉善盟发展和改革委员会，2013）。

案例地B嘎查自1999年开始，陆续有来自本旗、乌海和鄂尔多斯等地的小型采矿企业进入B嘎查三组所属范围内的草场进行铁矿开采生产。截至2014年8月，在B嘎查三组所属草场范围内进行铁矿开采的小型采矿企业数量多达11家，同时，由于当地铁矿石呈鸡窝状[1]分布，这导致了这11家采矿企业所开采的矿坑密集但又不成片地分布在草场上。此外，该11家采矿企业在占用牧户草场资源时均为部分占用，不同于E旗S镇案例中的大部分农牧户在被

[1] 在矿产资源开发领域，鸡窝状矿体通常是指单个矿体储量小的巢状矿体，且矿体在分布上不成带、不成面。

煤矿企业占用草场后搬离，A旗案例B嘎查被铁矿企业占用草场的牧户多数仍然在自己原有草场上从事畜牧业生产活动。

（二）田野调查及数据获取情况

调研数据信息主要通过田野调查的形式获取，田野调查进行于2014年7—8月，采用半结构式调查与开放式访谈相结合的方式。案例嘎查共有78户牧户，其中被铁矿开采占用草场的三组共有18户牧户，本研究对其中的15户牧户进行了深入访谈；除此之外，田野调查过程中还与案例嘎查领导、A旗国土资源局等部门工作人员进行了深入访谈，调查内容包含牧户近年的畜牧业生产状况、铁矿开采对草场资源及生产生活的影响情况、牧户收入方式和收入水平变化情况、牧户所获补偿情况、当地矿产资源禀赋以及采矿企业生产情况等。15户受访牧户的草场与11家小型铁矿开采企业的分布位置大致如图4–7所示。

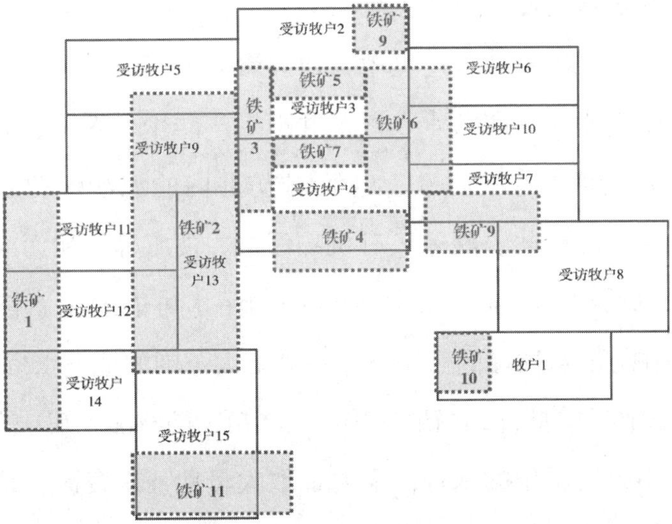

图4–7　案例嘎查受访牧户及铁矿分布位置示意图

数据来源：根据2014年田野调查访谈记录整理。

二、矿产资源开发对自然资源和牧户生产和生活造成的影响

（一）对自然资源造成的破坏

案例嘎查11家铁矿企业在当地建设了露天矿坑、竖井（斜井）、矿石粉碎厂、选矿厂、尾矿库、工棚等生产设施，这些生产设施对当地自然资源造成严重影响。最为直接的影响便是占用和破坏了案例嘎查大面积的草场，受访15户牧户户均被铁矿占用的草场面积为2393亩，占到牧户户均拥有草场面积（9557亩）的25%。这一类影响的边界基本较为清晰，可以依据铁矿企业生产活动及设备所占用的土地范围清晰地划定影响范围。但是，相比于这类边界清晰的影响，铁矿开采活动还对当地自然资源造成了如下几方面边界模糊的影响，这类影响的范围通常不仅仅局限于生产设备在草场地表所占的范围。

第一，在矿井开采过程中，地表渗透水、岩石孔隙水、矿坑水、地下含水层的疏放水，以及井下生产防尘、灌浆、充填污水等都有可能渗入到矿井中，进而被矿井内的泥沙颗粒、矿物杂质、粉尘、溶解盐、酸碱、有机物污染、油脂等物质污染，形成一个大的污水池。同时，污水池中的污水可能会重新渗入土壤中，并在地下水循环的作用下，污染更大范围的地下水资源（Tao et al.，2015）。此外，当地选矿厂在将粗铁矿石加工筛选为精铁粉的过程中，所采用的水选法需要抽取大量地下水资源，造成当地地下水水位的严重下降。对此，B嘎查书记在访谈中表示，当地在开始铁矿开采后，3组草场范围内的部分水井已经干涸，未干涸的

井里的水也已经不能被人畜饮用，3组牧户也因此被迫需要到更远的地方去取水。

第二，深井（竖井、斜井）开采过程中，会对地下地质结构造成破坏，从图4-8中可以看出，铁矿开采过程中的深井作业造成了大范围的草场塌陷、开裂，以及牧户房屋的开裂，遭受到此类问题影响的牧户不敢再在这一范围内生活和放牧。当地2014年4月出现过一起严重的草场塌陷事故，3名牧民在此起事故中丧生。

图4-8　B嘎查铁矿深井开采造成的草场地表开裂和牧户房屋开裂

图片来源：2014年田野调查时拍摄。

第三，在采用爆破手段进行开采的过程中，矿石粉碎厂将原矿石粉碎为粗铁粉的过程中以及矿车在来回运输原矿石和粗铁粉的过程中，均会产生大量的扬尘（如图4-9所示），产生的扬尘在风力作用下蔓延四散到更大范围，并附着在草场植被叶子的表面造成污染。田野调查中发现，案例嘎查草场植被叶子表面上普遍覆盖着一层白色粉末。

图4-9　B嘎查铁矿开采生产过程中产生的扬尘污染

图片来源：2014年田野调查时拍摄。

（二）对牧户的生产和生活造成的影响

案例嘎查的铁矿资源开采活动对当地自然资源造成的破坏，也对牧户的畜牧业生产生活造成了严重影响。

从图4-10中可见，案例嘎查3组受访谈的15户牧户中，相较于草场资源被占用前一年末家庭饲养的羊群规模，2013年末家庭饲养的羊群规模出现下降的牧户有10户，占到了总受访牧户的67%，这些牧户家庭在采矿后平均减少了295.4只羊；这其中有2户牧户彻底失去了所有的羊，畜牧业生产经营方式被完全切断。相比之下，家庭饲养羊群数量扩大或保持稳定的牧户分别只有2户和3户，分别仅占总受访牧户数量的13%和20%。对此，B嘎查书记说道："过去这些年全嘎查的羊整体一直在2万只左右，其他组的羊都增加了一些，单单就三组的羊少了。"（2014年A旗案例嘎查田野调查记录）

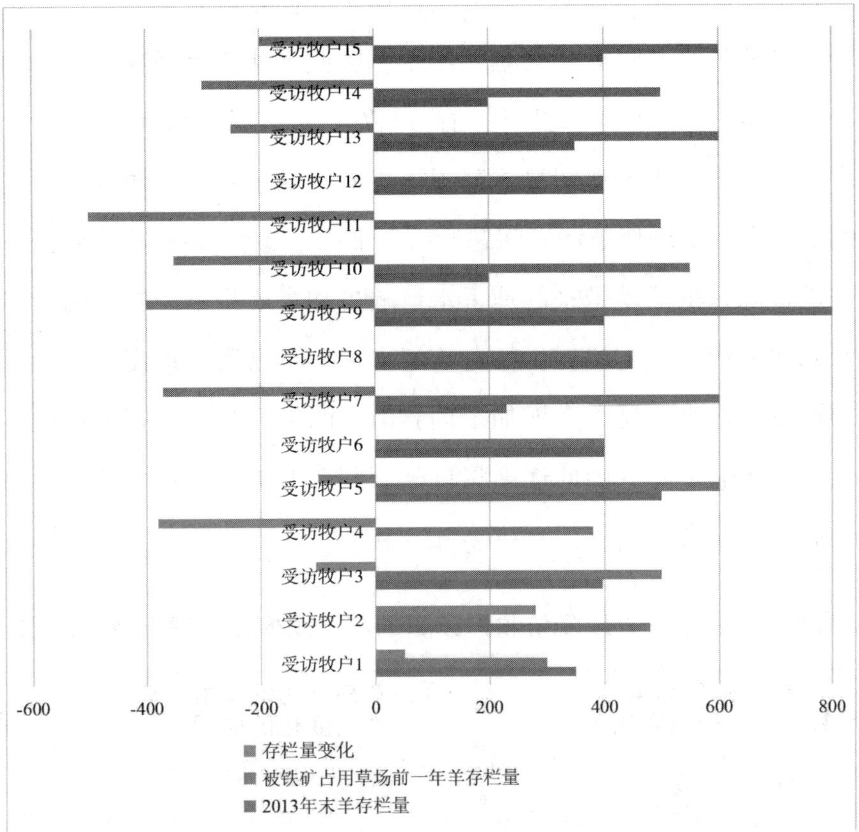

图4–10　受访牧户家庭的草场被采矿活动直接占用前后牲畜数量变化情况

注：采矿后牧户羊群数量变化 = 2013年末牧户羊存栏量 – 开矿前一年末牧户羊存栏量。
数据来源：根据2014年田野调查访谈记录整理。

关于铁矿资源开采后受访牧户家庭羊群规模的变化，从表4–4中给出的信息来看，其原因主要为：10户羊群规模缩小的牧户中，有9户都提到羊的数量减少是因为铁矿资源开采使得地下水污染和草场植被污染，羊在喝了被矿井污染的水或者采食了被扬尘污染的草场植被后，体质变差，生病和死亡的情况明显增加。有5

户牧户提到，由于铁矿资源开采占用了大面积的草场，自己家可以用于放牧的草场面积大幅缩小了，因此无法饲养原有规模的羊群，只能卖掉一些羊。此外，有2户牧户提到，铁矿资源开发后，自己家母羊的繁殖率明显下降了，可能是由于铁矿资源开采造成的地下水、草场植被污染问题所致。最后，还有1户牧户提到由于铁矿资源开采活动带来的地下水量减少和水质污染问题，附近的水井和河槽已经无法提供牲畜饮用水了，自己家被迫需要到更远的地方去取水，这大大增加了饲养山羊的生产成本，畜牧业生产收益率明显下降，因此逐渐将自己家剩余的羊出售掉，放弃了畜牧业生计方式。

表4–4　铁矿开采后受访牧户家庭的羊群规模变化情况及其原因

受访牧户	采矿后羊群规模变化	受访牧户认为的羊群规模发生变化的原因
牧户1	变大	开矿前刚成家、羊很少，之后慢慢发展，羊增加了一些
牧户2	变大	为了提高生活，在外面租了一块玉米地，增加羊的数量
牧户3	缩小	矿占地方，污染重，竖井抽出来的水，羊喝了中毒，所以卖了很多
牧户4	缩小	羊喝了毒水、吃了矿工扔的塑料垃圾，死了很多。养着不划算，2006年把剩下的260只羊全都卖了
牧户5	缩小	开矿污染厉害，羊的死亡率增高
牧户6	不变	2004年有570羊，2008年开始开饭店需要钱，卖了一些羊，之后每年三四百只羊，在外面还租了一块草场
牧户7	缩小	羊的死亡率增高
牧户8	不变	差不多羊群数量一直在450只左右，想多养一些，隔两年就新买一些羊回来，但污染重、死得多，发展不起来

（续表）

受访牧户	采矿后羊群规模变化	受访牧户认为的羊群规模发生变化的原因
牧户9	减少	矿来了后，污染大了，草上有灰，羊的繁殖率变低，羊变瘦，小羊羔死的多，所以羊数量减少。另一方面矿占了草场后，养不了那么多，所以就卖掉了一些羊
牧户10	减少	矿把地方都占完了，放羊的地方没有了，羊的死亡率也上升了
牧户11	减少	矿进来了，人和牲畜都饮水困难，老人拉不动水，拉水成本也高，就逐渐把羊都卖了，去年（2013年）一下子卖了200只羊，变成了无畜户
牧户12	不变	2002年结婚时候200只羊，后来在外面租了一片草场，到2005年时候发展到了400只羊，但是矿来了后就发展不动了
牧户13	减少	羊因为矿来了而减少，主要是死的多、病的多，放羊地方也小了，现在想多养也发展不了了
牧户14	减少	开矿后，羊死的多，母羊下羔子少，并且羔子死的也多，如果不占这些草场，可以养到五六百只羊
牧户15	减少	因为矿的原因，造成羊的死亡数量上升。放牧地方小了，养不了那么多羊

数据来源：根据2014年田野调查访谈记录整理。

尽管在受访牧户中，“到远处取水造成生产成本提高、羊群饲养规模缩小”这一原因仅有1户提及，但实际上这种因铁矿资源开采造成的生产成本上升，在案例B嘎查3组中是一种普遍性现象，2013年受访牧户平均要花费10747元用于从远处运水，而这笔生产开支在铁矿资源开发之前是不存在的。

案例嘎查受访牧户中，有5户牧户的羊群规模未出现下降，其中3户羊群规模保持不变的牧户，主要是通过租用其他地区的草场来保证羊群规模不下降，但租用其他位置的草场也是一项比较高的生产开支。1户牧户在案例嘎查外租了一块玉米地，用来提供饲料，同时每隔两年就买进一些羊，以试图扩大羊群规模，但是采矿污染问题造成的羊疾病率和死亡率的上升，导致羊群规模扩大并没有自己预想的那么快。此外，还有1户牧户的羊群规模扩大，其情况相对特殊，主要因为该牧户在案例嘎查铁矿资源开发之前刚刚成家，当时家庭所拥有的羊数量非常少，受到采矿的影响相对较小，通过过去这些年的慢慢发展，羊群规模相对扩大了一些。

如图4-11所示。

图4-11　受访牧户家中因饮用被污染的地下水而烧伤致死的羊

图片来源：由2014年田野调查时的受访牧户提供。

除羊群规模的缩小，草场租用和取水距离增加导致的生产生活成本提升外，铁矿资源开采对草场植被和地下水资源的污染还影响到了受访牧户所饲养的白绒山羊的肉质和羊绒质量，造成羊价和羊绒价格的明显下跌。关于羊绒价格的下跌，一受访牧民说道："正常的话，去年（2013年）一斤山羊绒卖给二道贩子应该是210块钱，但是喝了脏水吃了脏东西后的羊的羊毛有点发灰，再加上开矿浮灰大得很，沾到了羊身上，这样一斤羊绒能卖个160块钱就不错了。"（2014年A旗案例嘎查田野调查记录）

三、受矿产开发影响的牧户所获补偿的有效性分析

（一）案例地矿产资源开采方对牧户补偿的基本规则

上文提到，案例地B嘎查在1998年便已经将草场的承包经营权清晰地划分到户。在采矿企业陆续进入B嘎查三组所属草场范围上进行铁矿资源开采的过程中，嘎查和小组领导主要负责组织协调采矿企业和被占用草场的牧户双方就补偿问题开展协商，但嘎查并不直接参与补偿标准、补偿数额的协商，也不参与企业所给补偿款的分配。即是说，B嘎查某一户在铁矿资源开采过程中受影响的牧户，其遭到破坏的草场及其附属资源、畜牧业生产所遭受的损失，究竟最终能够获得的多少补偿数额，主要是由牧户与对其造成影响的采矿企业之间直接协商确定的。

对此，B嘎查书记给出的理由是："现在草场都分到户了，都是人家自己家用，谁家被占了就跟企业谈，要是嘎查集体参与得多了，牧民们就该觉得嘎查肯定从企业、政府那里拿了钱了，所以都是他们（牧户和企业）自己谈，我们（的作用）也就是那些企业带着政府的文件（采矿权、探矿权证明）来了说要去哪家的草场，我们就带着他们去哪个牧民家。"（2014年A旗案例嘎查田

野调查记录）

（二）牧户所获补偿的有效性分析

按照上文所述铁矿开采活动所带来的影响，受访牧户普遍因为铁矿资源开采活动对草场及其附属自然资源所造成的破坏，而承受了家庭饲养畜群规模减小（整羊及羊绒出售收入的减少）、生产生活成本的上升（运水、租草场等成本增加）方面的损失。若以受访牧户从采矿企业所获补偿数额能否覆盖牧户生产生活所遭受的损失作为评判对受损失牧户的补偿是否有效的标准，从表4-5中的数据可见，15户受访牧户中，仅有5户在铁矿资源开采后所获得的补偿能够覆盖其畜牧业生产生活所遭受的损失，其余10户（67%）所获得的补偿均低于所遭受的损失。由此也可以认为，绝大部分牧户生产和生活上所遭受的损失没有得到有效补偿，生计水平因此而下降。一户受访牧民表示："挖矿后咱这的生活比原来差多了，挖矿挖的灰尘大，你看草上都是那个白灰，水也不行了，羊喝得皮都烧掉了，矿也不认，人哪敢喝，都得从外面拉水了，一年得花好几万块钱。羊皮子羊绒沾了灰也卖不出价了，我们这就指望着卖羊卖羊绒生活，这些东西不行了，矿上又不给钱，这生活怎么能行。"（2014年A旗案例嘎查田野调查记录）

此外还应注意到的是，上述这种对于补偿有效性的评判方法尚且是一种较为保守的方法，这主要是因为，在比较牧户所得补偿和所受损失时，只是从牧户家庭草场被某矿场占用的年份开始计算牧户生产和生活所遭受的损失。但现实状况是，案例地11家小型采矿企业占用B嘎查3组草场的时间虽然有先后时间差，但铁矿资源开采活动对草场环境和地下水环境造成的破坏，使得一些牧户可能在自家草场未被采矿活动占用之前便已受到影响。部分受访牧户表示，起初虽然自己家草场上没有铁矿资源开采活动，但由于邻居家草场上已经在进行铁矿资源开采了，已经对自己家的草场植被和地下水造成了污染，因此在自己家草场还没有被实际占用的时候便已经需要从远处取水、租用草场等，同时羊的疾病率提高也增加了兽药方面的开支。如果将这样的损失考虑进来，15户受访牧户中没能获得有效补偿的牧户（所获补偿低于所受损失）所占比例有可能进一步增多。

上述内容具体参见表4–5所示。

表4–5　受访牧户在草场被占用后所受损失同所获补偿的比较

受访牧户	铁矿资源开采后牧户家庭羊群规模变化（只）	羊群规模损失/增加价值（元）	山羊绒损失/增加价值（元）	水资源运输成本（元）	所获补偿数额（元）	平衡值（元）
牧户1	50	20000	7200	–66600	180000	140600
牧户2	280	112000	40320	–141600	80000	90720
牧户3	–104	–41600	–14976	0	578400	521824
牧户4	–380	–152000	–54720	0	430000	223280
牧户5	–100	–40000	–14400	–112000	140000	–26400
牧户6	0	0	0	–80000	0	–80000
牧户7	–370	–148000	–53280	–72000	230000	–43730
牧户8	0	0	0	–84000	350000	266000
牧户9	–400	–160000	–57600	–220000	30000	–407600
牧户10	–350	–140000	–50400	–220000	100000	–310400
牧户11	–500	–200000	–72000	–140000	180000	–232000
牧户12	0	0	0	–196000	180000	–16000
牧户13	–250	–100000	–36000	–160000	200000	–96000
牧户14	–300	–120000	–43200	–194400	15000	–342600

（续表）

受访牧户	铁矿资源开采后牧户家庭羊群规模变化（只）	羊群规模损失/增加价值（元）	山羊绒损失/增加价值（元）	水资源运输成本（元）	所获补偿数额（元）	平衡值（元）
牧户15	-200	-80000	-28800	-187200	39000	-257000

注：（1）铁矿资源开采后羊群规模变化为相应牧户2013年末羊的存栏量减去开矿前一年末羊的存栏量；（2）羊群规模损失/增加价值、羊绒损失/增加价值分别为开矿后羊群规模变化数值乘以2008年单位羊价（400元/只），开矿后羊群规模变化数乘以2008年羊绒单价（180元/斤），此处之所以选择中间年份（2008年）的原因是为了尽量减少价格波动因素的影响；（3）水资源运输成本和所获补偿数额分别为相应受访牧户从自家草场被铁矿占用的年份开始，至2013年为止，其花费在水资源运输上的总费用，以及所获得的补偿总和；（4）所获补偿数额为相应牧户从草场被铁矿占用的年份开始，至2013年末期间，从相应铁矿企业所获得的补偿总额；（5）平衡值为所获补偿数额减去羊群损失/增加价值、羊绒损失/增加价值和水资源运输总费用。

数据来源：根据2014年田野调查访谈记录整理。

由于单个铁矿场的开采活动所造成的地下水减损和污染问题，以及对地质结构破坏引起的草场地表塌陷、开裂，采矿产生的扬尘附着在草场植被表面等影响，不仅局限于矿坑及其生产设备所占范围，这也造成相邻或相靠近的分属不同采矿企业的矿场对草场、植被、地下水等资源造成的影响会互相交错重叠，进而共同对牧户的畜牧业生产和生活造成负面影响，这种影响并不像矿坑或采矿设备直接占用的草场范围一样边界清晰。因此，对某一户牧户而言，其畜牧业生产和生活所遭受的损失并不完全是由自己家草场上的铁矿资源开采活动造成的，相邻或者相近的邻居家草场上所进行的铁矿开采活动也同样对其畜牧业生产和生活所受的损失负有责任。但在案例地基于牧户个体的草场承包经营权建立的补偿机制下，原则上只有当某一采矿企业的采矿活动直接占用了某一牧户的草场，相应牧户才能凭借其草场承包权从占用草场的采矿企业处获得补偿。这也直接导致了案例嘎查受访牧户往往只获得了被采矿活动及相关生产设备直接占用的草场范围内的补偿。除此外，因地下水污染、草场开裂、塌陷以及扬尘污染给畜牧业生产造成的负面影响，当B嘎查牧户想就这部分损失向采矿企业索要补偿时，则会遇到很大的障碍。因为对单个牧户而言，由于B嘎查3组的11个铁矿场所造成的影响相互交叉重叠，要厘清自家的生产和生活所遭受的损失在多大程度上与某一个矿场的采矿活动有关是非常困难的，需要付出高昂的交易成本，这也为责任方创造了一个可推卸责任的模糊空间。

从本书前图4–7所示的受访牧户草场和铁矿分布图来看，以受访牧户5为例，其生产所受损失不仅受到直接占用其草场的铁矿2的影响，还很可能受到未直接占用其草场但距离靠近的铁矿3、铁矿5的影响。一方面，当受访牧户5就其畜牧业生产遭受的损失向直接占用其草场的铁矿2索要补偿时，铁矿2会认为责任并不全在于自己，相邻草场上的铁矿3、铁矿5也同样负有一定责任，并以此来推卸补偿责任。另一方面，尽管相邻草场上的铁矿3、铁矿5在开采中造成的地下水污染、扬尘污染等，同样对牧户5的畜牧业生产和生活造成了影响，但由于铁矿3、铁矿5并没有直接占用牧户5的草场，因此牧户5从未得到过铁矿3、铁矿5的补偿，且从直接占用其草场的铁矿2处所获补偿也不足以覆盖其生产和生活所受损失。

其他受访牧户也面临与牧户5同样的困难，因此近七成牧户未能得到与生产和生活所受损失相匹配的补偿，后续生计水平出现明显下降。对此，B嘎查书记说道："草场都分了，现在是谁家的就是谁家的，咱也不能说觉得旁边别人家草场上的矿有影响就去别人家草场上找人家矿要钱，人家矿会说反正也没占你家的地，而且人家那家牧民也会对你有意见，又没占你家的地，你却跑我们家草场上来要钱。”（2014年A旗案例嘎查田野调查记录）

在这种情况下，由于案例嘎查受访牧户的草场承包权都是相同的，因此所获补偿水平的差异，更多受牧户本身的语言水平、人脉资源等影响，多数受访牧户在面对采矿企业推卸责任时，并没有足够方法去应对。对此一位受访牧民表示：“我们牧民也没什么文化，能拿到的基本也就是矿占的那点地方给的钱，其他像死的羊啊啥的，要钱的时候说不清的地方太多了，一般都要不到多少钱。有那么三四家要到（补偿款）多的，那都是认识人的、有亲戚在政府上班的才行，矿上也怕这样的人家，怕把事弄大了所以给钱多。”（2014年A旗案例嘎查田野调查记录）

四、A旗案例研究小结

基于上述分析可以发现，在阿拉善盟A旗的案例中，针对受到铁矿资源开采活动影响的牧户，相应补偿机制主要是建立在当地划分到户的草场承包经营权基础上，牧户可以依靠自己所拥有的草场（土地）承包经营权，就自家畜牧业生产所受到的损失向铁矿企业谋求补偿。但由于案例地11个铁矿场的开采活动对地下水资源、草场植被资源等造成的影响彼此交织重叠，导致牧户畜牧业生产所遭受损失的责任方变得模糊，单个牧户很难厘清自家生产和生活所受损失的责任方具体应是哪几家采矿企业，以及不同采矿企业的责任占比应是多少。

在案例地现有补偿机制下，牧户可以就被采矿场和生产设备直接占用的草场范围内受损的资源向相关采矿企业谋求补偿。但在此范围之外，因地下水资源受损和扬尘污染等造成的畜牧业生产损失，牧户很难获得有效补偿，原因在于牧户自家草场上的采矿企业会因这方面影响并非全部由自身采矿活动所致而推卸责任，相邻草场上的矿场更会因为没有直接占用牧户的草场而拒绝补偿。受此影响，案例地B嘎查3组的受访牧户中，七成牧户没能获得与自家畜牧业生产和生活所受损失相匹配的补偿，生计水平出现了明显的下降。

第四节　研究结果讨论

前述两处案例地在进行矿产资源开发后，对当地受影响农牧户的补偿措施主要是建立在已经划分到户的草场（土地）承包经营权基础上，这也与当前受西方主流市场经济思想影响下强调农牧民土地私有权利扩展和保护的主流思想相符。但从两个案例地的现实状况来看，大部分受访农牧户在拥有清晰的草场承包经营权且村（嘎查）集体未对补偿款截流的情况下，并没有获得与生产和生活所遭受损失相匹配的补偿，由此导致多数受访农牧户出现了生计水平的明显下降。具体而言：

在鄂尔多斯市E旗案例中，除直接被煤矿开采企业占用草场的农牧户得到了相应补偿、维持了原有生计水平之外，对于煤矿占用范围周边未被占用草场的牧户来说，尽管这部分农牧户因煤矿资源开采活动造成的地下水减损和污染问题，生产和生活遭受了严重损失，但在以农牧户个体的草场承包经营权为基础而建立的补偿机制下，并没有获得任何补偿，由此造成了其生计水平的下降。

在阿拉善盟A旗案例中，11家铁矿场的开采活动对牧户畜牧业生产造成的影响相互交错、重叠，造成了牧户生产生活受损责任方的模糊。在以牧户个体的草场承包经营权为基础而建立的补偿机制下，当牧户就自家畜牧业生产的损失与铁矿开采企业协商时，被矿场直接占用的草场范围内受损的资源，通常能够清楚地界定责任方并获得补偿；但除此之外，牧户生产生活因地下水污染、植被污染所遭受的损失，相邻草场上的矿场会因没有直接占用牧户草场而拒绝补偿，而自家草场上的矿场则会在牧户生产生活受损责任方模糊不清的情况下，推卸部分责任。由此造成牧户难以获得相应的有效补偿，生计水平出现下降。

基于对两个案例地农牧户所受影响及所获补偿的分析，本研究的现实问题结论为，在干旱半干旱区的矿产资源开发过程中，建立在已经发包到户的农牧户草场承包经营权基础上的补偿机制，并不能为受影响的农牧户获取有效补偿提供制度保障。

进一步来看，上述结合案例地田野调查情况分析得到的现实结论，其背后理论层面的原因，可能并不是现有农牧户个体层面的草场财产权利仍有待于进一步强化，而是单纯建立在农牧户个体的草场承包经营权基础上的补偿机制，会人为地将采矿活动的影响“压缩或划定”在一定的地表范围内，这与农牧户所处的社会生态系统所受影响的边界不重合，由此造成了牧户难以获得有效补偿。基于这种理论预设，下一章（第五章）将进一步结合前文所构建的“干旱半干旱区矿产资源开发对农牧户个体的草场产权和权益影响分析框架”，对案例地现行补偿机制所出现的问题进行理论层面的探讨。

第五章

农牧户个体权益与草场产权配置间关系的理论分析

在社会生态系统的管理中，生态系统的尺度是指格局或过程的时间和空间维度；社会经济系统的尺度则是指制度控制对资源获得和管理责任的时间和空间维度（Redman et al.，2004；Cumming Graeme，2006；张倩，2015）。因为社会经济和生态两个系统是相互耦合的，关注单一维度（比如仅仅关注社会经济系统下的产权权利配置问题）便不可能解决所有问题，因此要对社会经济系统和生态系统这两个方面如何相互影响和相互依赖进行探讨，及其对现实举措有效性的影响进行分析。

回到上文得到的现实问题结论，即在两处案例地，建立在已经发包到户的农牧户草场承包经营权基础上的补偿机制，并不能为受影响的农牧户获取有效补偿提供制度保障，本章将进一步结合第三章的理论分析框架构建部分所提出的“干旱半干旱区矿产资源开发对农牧户个体的草场产权和权益影响分析框架”，来对基于案例地实证分析得到的现实问题结论进行理论解析，回答本研究提出的理论问题。

重点讨论在干旱半干旱草原地区的矿产资源开发中，农牧户受损的权益未能得到有效保障，仅仅是因为农牧户个体层面所具有的草场财产权利仍有待于进一步强化，还是由于这个过程中仅关注了农牧户个体的草场财产权利的保障、忽略了村集体组织对于草场财产权利的发挥？为保障农牧户受损的权益得到有效补偿，应当如何对农牧户个体、村集体的草场（土地）财产权利进行配置？

第一节　农牧户个体层面草场财产权利与个体权益间的关系

在鄂尔多斯市E旗和阿拉善盟A旗两处案例中，采矿企业的煤矿和铁矿资源开采活动在直接占用大量草场资源的同时，还会因对地下水资源、植被等的破坏使得农牧民的畜牧业、种植业生产遭受损失。从权益理论视角出发，农牧户的草场承包经营权是农牧户对于草场的权利（禀赋，endowment）；而农牧户能够依靠草场上的植被资源、地下水资源（生态服务功能）等开展畜牧业、种植业生产并获得实际利益则可以被视为农牧户的权益（entitlement）。沿着这种思路，矿产资源开采活动直接占用农牧户的草场，可以被视为是农牧户个体的草场产权（禀赋）受损；而因地下水资源、植被资源受采矿活动影响对农牧户生产和生活造成的损失，则可以被视为农牧户个体的权益受损。

权益理论之所以将权利人对物质或资产所享有的财产权利（禀赋）与其最终所能获得的实际利益（权益）相分离，就是在于强调，拥有了对于某一资源的产权并不一定能够保障最终的权益（实际利益的获取）。反之，实际利益（权益）的受损也并不一定体现为权利人对于物质或资产所拥有的产权的受损。在这样一种理论视角下，结合上文所构建的“干旱半干旱区矿产资源开发对农牧户个体的草场产权和权益影响分析框架”，针对两个案例地矿产资源开采活动对当地农牧户的草场（土地）产权和权益的影响进行分析，可以发现：

在鄂尔多斯市E旗案例中，对于草场直接被煤矿企业占用并且搬离的农牧户（如图5-1所示），由于这部分农牧户已经基本放弃与农牧业相关的生产活动，故而从土地经济职能角度来看，对于这部分农牧户而言，草场资源主要发挥的是其财产职能[1]（陈建

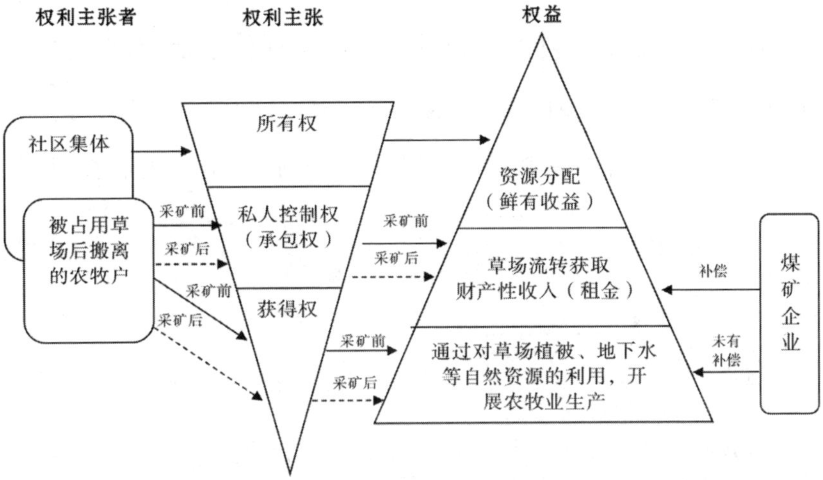

图5-1　E旗案例草场被直接占用的农牧户，其草场产权和权益在煤矿开采前后的变化

注：图中实线箭头指的是农牧户个体拥有的草场产权或权益，虚线箭头指的是农牧户个体的草场产权或权益在煤炭开采中受到了损害。

[1] 土地所具有的经济职能包括基本生产资料职能、财产职能，以及社会保障和失业保险职能。具体某项职能发挥的作用相对大或者小，取决于当地的社会经济发展水平以及资源本身的相对稀缺程度。在农牧民仍然从事农牧业生产的情况下，土地发挥的更多是其生产资料职能，而当农牧民脱离农牧业生产后，土地更多发挥的是其财产职能（陈建波，2001；杨成林，何自力，2011；陈锡文，2005，2009）。

波，2001；杨成林，何自力，2011；陈锡文，2005，2009）；相较之下，对这部分农牧户而言，在草场上依靠地下水、植被等资源进行农牧业生产并获得收益这方面的权益，其重要性已经大大下降。因此对于这部分农牧户来说，他们在矿产资源开发过程中遭受的损失主要体现为个体对于草场的财产权利受损，因此建立在农牧户个体的草场承包经营权基础上的补偿机制有助于为其利益损失获得有效补偿提供制度保障。在此基础上，后续应更多地关注农牧户受损资源的补偿标准核算，以及通过怎样的途径和措施来保障这部分农牧户后续生计的可持续性等问题。由于本研究重点关注的不是受损自然资源的补偿标准评估以及应该具体采取怎样的补偿和保障措施，因此这里对这方面问题并不作深究。

相较之下，针对草场未直接被煤矿企业占用、仍然在草场上

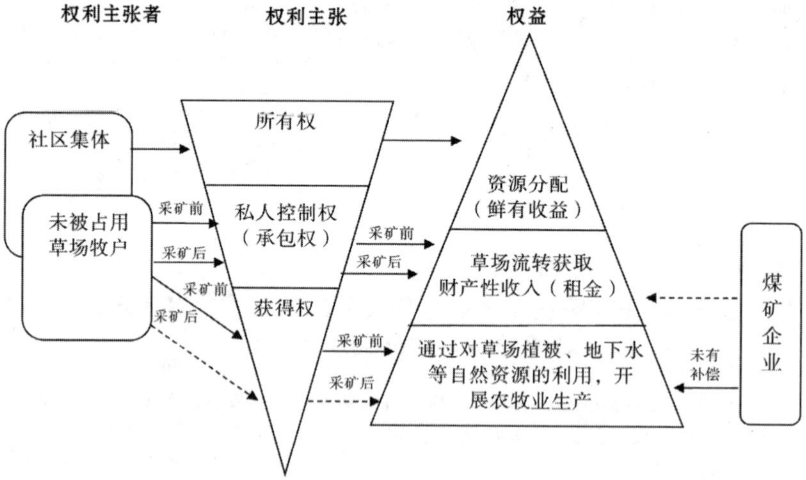

图5-2　E旗案例草场没有被直接占用的农牧户，其草场产权和权益在煤矿开采前后的变化

注：图中实线箭头指的是农牧户个体拥有的草场产权或权益，虚线箭头指的是农牧户个体的草场产权或者权益在煤炭开采中受到了损害。

从事农牧业生产活动的农牧户而言（如图5–2所示），情况则有所不同。当地补偿机制的立足点是当地农牧户个体所拥有的草场承包经营权（个体层面的草场财产权利）受到损害后，应当获取相应的补偿。但这部分牧户的种植业、畜牧业生产因煤矿资源开采而遭受的损失，实际上主要体现为农牧户个体权益的受损，并未体现为农牧户个体拥有的草场承包经营权（个体草场财产权利）受到侵占。这是因为，煤矿资源开采活动并没有实际占用这部分农牧户家庭的草场，也就意味着对于这部分农牧户而言，草场的承包经营权仍完整地在自己家庭手中。因此，现有以草场（土地）承包经营权为基础建立的补偿机制难以有效地代表这部分农牧户群体的个体权益受损，也难以为农牧户就受损权益获得补偿而提供制度保障。

在阿拉善盟A旗案例中，受访牧户在铁矿资源开采后所遭受的损失可以被分为两个层面：第一个层面是牧户因家庭草场被铁矿开采方占用而失去了一定范围的草场承包经营权；第二个层面是因铁矿开采活动造成的地下水水量减损、水质污染，以及扬尘造成的植被污染所导致的牧户畜牧业生产遭受损失，这表现为牧户从草场所获利益（权益）的受损。

对于第一个层面的影响，即牧户因草场被铁矿开采方直接占用而失去的一部分范围的草场承包经营权，由于铁矿开采方占用草场的边界容易清晰划定，且责任方明确。因此对于这一范围内牧户受损的草场（土地）资源及地表附着物，建立在牧户个体拥有的草场承包经营权基础上的补偿机制，能够为农牧户就这部分损失从采矿方获得补偿提供有效制度保障（如图5–3所示）。

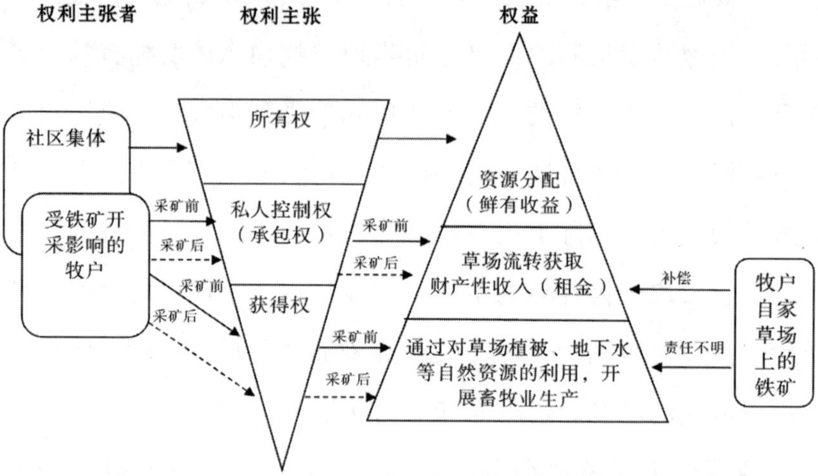

图5-3　A旗案例中，农牧户的草场产权和权益在直接占用其草场的铁矿影响下的变化

注：图中实线箭头指的是农牧户个体拥有的草场产权或权益，虚线箭头指的是农牧户个体的草场产权或者权益在铁矿开采中受到了损害

相比之下，第二个层面的影响，即牧户（畜牧业生产和生活所受损失）权益的受损，则不像第一个层面的影响一样可以清晰界定。当地密集分布的11个铁矿场所造成的地下水、扬尘污染实际上是重叠交错在一起的，也因此某一户牧户家庭畜牧业生产和生活所遭受的损失，其责任方不仅仅是直接占用其草场的采矿场，相邻或相近的牧户草场上进行铁矿资源开采的矿场也同样负有一定责任。但问题出现在，一方面，当某户生产和生活遭受损失的牧户试图向相邻或相近草场上的采矿企业索要补偿时，尽管相应铁矿企业对牧户的权益受损负有责任，但由于铁矿企业并没有直接占用该牧户的草场，即没有直接造成该牧户失去对部分范围内草场的承包经营权，因此案例地建立在牧户个体所有的草场承包经

营权基础上的补偿机制，并不能从制度上保障牧户可以从对其畜牧业生产和生活造成损失、但未直接占用其草场的采矿企业处获得有效补偿。另一方面，当牧户与直接在自己家草场上进行开采活动的铁矿场协商补偿时，由于其个体权益的损失（畜牧业生产和生活所受损失）是由多个采矿场的开采活动所致，这种影响的边界与草场被占用而失去的产权边界并不重合，甚至远大于产权受影响的边界；同时，牧户也很难对造成自身权益受损的责任方进行清晰的界定，因为清晰界定占用自家草场的采矿场和相邻草场上的采矿场在自己所受损失中的责任比例，需要付出高昂的交易成本，牧户无法承担这种交易成本，由此也为直接占用牧户草场的采矿场推卸补偿责任创造了模糊空间（如图5-4所示）。

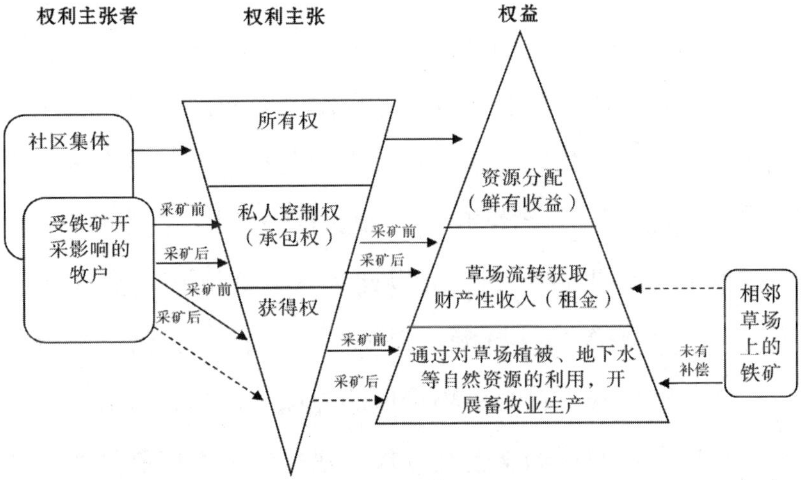

图5-4　A旗案例中，农牧户的草场产权和权益在相邻草场上的铁矿影响下的变化

注：图中实线箭头指的是农牧户个体拥有的草场产权或权益，虚线箭头指的是农牧户个体的草场产权或者权益在铁矿开采中受到了损害。

基于上述分析可以发现，在两处案例地，建立在农牧户个体拥有的草场承包经营权基础上的补偿机制难以为受到矿产资源开采活动影响的农牧户获得有效补偿提供制度保障，其理论层面的原因在于，这种补偿机制能够代表农牧户因采矿活动占用草场而直接失去的一定范围内的土地财产权利（草场承包经营权），但农牧户的农牧业生产和生活所受损失，即个体的实际权益所受损失方面往往不像产权受损一样边界清晰，并且农牧户个体从草场中所获权益的受损也并不一定直接体现为个体拥有的草场财产权利受损。因此，农牧户个体层面的草场（土地）财产权利并不是一个能够有效代表矿产资源开发过程中的农牧户个体权益（所获实际利益）受损的主体。

进一步而言，尽管目前大量理论研究认为，农牧民在矿产资源开发或工业化过程中的利益受损得不到有效补偿，主要是因为农牧民没有完整的土地财产权利，仅限于农牧业用途内的土地使用权不足以保障农牧民在这一过程中的利益，因此应当进一步清晰界定和强化农牧户个体享有的土地财产权利，甚至赋予农牧民完全的私有土地财产权利，并以此为基础建立市场交换机制来有效地配置土地等自然资源，保障农牧民在工业化、城镇化征（占）地过程中获得符合市场价值的补偿。但是，从对于案例地基于农牧户个体的草场承包经营权而建立的补偿机制其实施效果来看，私有使用权也好、私有所有权也罢，本质上都无法完整有效地代表在矿产资源开发过程中农牧户的个体权益所受损失，而这才是问题的症结所在。若这一点得不到注意，一味地只是强调通过强化农牧户个体层面的土地财产权利，并以此为基础，采用在技术上先进的核算方法对采矿活动直接占用范围内农牧民损失的土地及附着物等资源进行核算，则不管核算出的补偿标准有多高，问题也依然会存在。

第二节　农牧户个体权益与草场资源集体财产权利之间的关系

从上一节的分析中可见，尽管目前农牧户个体所享有的草场财产权利只限农牧业用途范围内的承包经营权，并非完整的财产权利，但目前补偿机制出现问题的关键并不在于农牧户个体所享有的草场（土地）财产权利是不是足够清晰和完整，而是个体层面的草场财产权利虽然能够代表农牧户因采矿活动直接占用草场而失去的一定范围内的承包经营权，但是不能完整有效地代表农牧户在这一过程中个体权益所遭受的损失，即无法有效代表农牧户依靠草场从事的生产活动在矿产资源开发过程中所受的损失。

因此，有必要从干旱半干旱区社会生态系统中的经济社会过程与生态过程这两个方面如何相互影响和相互依赖、制度与其生态过程间的契合度角度出发，对与个体层面土地财产权利相对的集体土地财产权利在代表农牧户个体权益受损方面的有效性进行探讨。

沿着这一思路，从两个案例地矿产资源开发的影响中可以发现，在E旗案例中，虽然有相当一部分农牧户的草场没有被煤矿开采活动直接占用，这部分农牧户的草场承包经营权实际上仍是完好的，但其农牧业生产和生活却因为煤矿开采造成的地下水损耗和污染问题而遭受了明显损失。在A旗案例中，铁矿资源开采造成的地下水污染、扬尘污染等使得当地牧户面临着牲畜死亡率上升、畜群规模缩小、生产生活用水成本上升等方面的损失，但铁矿开采的这种影响并不限定于某一户牧户的草场范围内。换言之，某一户牧户的生产和生活所受损失不仅仅取决于直接占用其草场的铁矿企业，相邻的几户牧户草场上的铁矿开采活动对自然资源的影响，会在生态系统内部的复杂作用下（比如地下水循环、风力），作用到彼此的畜牧业生产和生活当中。由此可见，矿产资源开发中的农牧户个体权益所受影响（生产和生活所受损失）并不是彼此独立的，而是与整个社会生态系统所受到的影响相关联，这种影响并不能在社区集体内部被人为地划定边界。

基于上述分析，尽管两处案例地的草场承包经营权均已经清晰发包到户，但由于干旱半干旱草原社会生态系统作为一个整体，其内部社会和生态之间存在复杂的相互作用，在这种作用的影响下，不同牧户的个体权益在矿产资源开采过程中所受到的影响并不是彼此独立、可以清晰划定界限的，而是嵌套在所处的社会生态系统当中，与系统之间存在复杂的耦合关系（如图5-5所示）。也因此，一个村（嘎查）范围内的农牧户个体权益所受影响呈现出复杂性和整体性的特点。在这种情况下，要在集体组织内部通过个体层面的草场（土地）财产权利来对矿产资源开发所带来的影响进行清晰划分和界定是非常困难的，抑或说，要面临高昂的交易成本。故而，应更多考虑集体层面的草场（土地）财产权利在体现农牧户个体权益所受损失的复杂性和整体性等方面

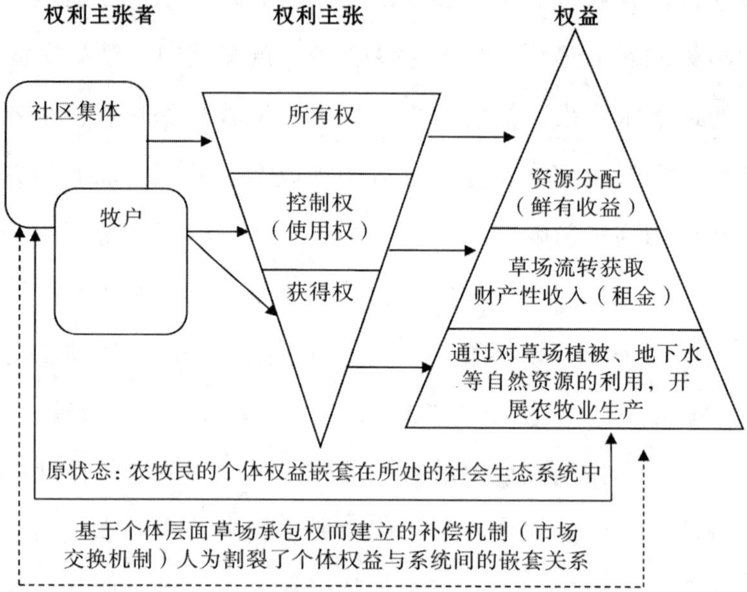

图5-5　案例地矿产资源开发中，农牧户权益所受影响与社会生态系统之间的关系

的有效性，以及建立在集体土地财产权利基础上的再分配等机制在保障农牧户个体权益得到公平有效保障方面的有效性。但是，在现阶段，由于农牧户个体、社会整体环境以及相关法规对于农牧户个体土地权利重视程度的提高，在实践运作中集体作为土地所有者所应发挥的作用被很大程度上忽略了。从两个案例可以发现，在草场已经承包到户的背景下，矿产资源开发过程中当地农牧民、嘎查（村）集体、乡镇及旗政府等对于补偿问题的关注点主要放在了对个体层面土地财产权利的保障方面，所建立的补偿机制也主要体现为以农牧户个体为单位与采矿企业之间的交换机制。相较之下，集体作为草场（土地）所有者，其在体现整个社会生态系统整体所受影响方面的有效性，以及对内部资源进行控制和分配等方面的作用几乎被完全忽略了。甚至在补偿分配过程中，案例嘎查（村）集体不敢也不愿意过多参与，比如A旗案例嘎查书记在田野调查访谈中谈道："现在要是嘎查集体参与多了，牧民们就该觉得嘎查肯定从企业、政府那里拿了钱了，所以都是他们（牧户和企业）自己谈。"

从这一角度来看，在干旱区矿产资源开发过程中，针对生产和生活遭受损失的农牧户的补偿机制，只是单纯地依靠建立在个体草场承包经营权基础上的市场交换机制显然有所不足。在补偿机制的建立过程中，还应考虑集体作为土地的所有权人，在代表开采活动对整个系统的复杂性、整体性影响方面的有效性，以及以村集体为主体的再分配机制在保障农牧民个体获得公平有效的补偿方面所能发挥的作用。

两个案例地单一地以农牧户个体的草场（土地）承包经营权为基础而建立的补偿机制，其本质是从经济社会系统内部出发，遵循科斯定理所强调的"通过明晰产权来达到资源配置的帕累托最优"。但从社会生态系统环境变化的尺度与管理环境的社会组织尺度之间的匹配性来看，这种建立在个体层面土地财产权利基础上的市场交换机制，并没有注意到干旱半干旱区草原社会生态系统的整体性，人为地将矿产资源开采活动所带来的影响"压缩"在采矿场及其生产设备在地表所占用范围内，割裂了农牧户个体权益所受影响与所在社会生态系统之间的嵌套关系。相比之下，以社区集体权利为主体并在此基础上构建的再分配机制可以更好地从系统角度来看待农牧户个体权益所受到的复杂性、整体性影响，从整体上考虑农牧户个体权益与所在社会生态系统之间的嵌套关系，兼顾采矿的负面影响所对应的补偿在被直接占用草场的农牧户之间、被直接占用草场的农牧户与未被直接占用草场却受到影响的农牧户之间、农牧户个体与集体组织之间的分配。

第三节　本章小结

本章基于本书第三章所构建的理论分析框架，对“在干旱半干旱区矿产资源开发过程中，建立在已经发包到户的农牧户草场承包经营权基础上的补偿机制，是否能够为受影响的农牧户获取有效补偿提供制度保障”这一现实问题结论进行了理论层面的探讨。

首先，干旱半干旱草原地区农牧户在矿产资源开发过程中，个体权益所受到的损失并不一定完全体现为个体层面草场财产权利的受损，因此农牧户的个体权益不能仅仅通过个体土地财产权利的强化而得到完整有效的保障。这是因为，个体层面的草场财产权利虽然能够代表农牧户因矿产资源开采活动直接占用草场而直接失去的一定范围的草场承包经营权，但农牧户个体权益（依靠草场及植被、地下水等资源等进行农牧业生产并获取收益）的受损并不像承包经营权受损一样边界清晰，且更为重要的是，农牧户个体权益的受损并不一定完全体现为个体层面草场财产权利受损（在案例地主要为草场承包经营权受损）。因此，个体层面的草场（土地）财产权利并不是一个能够完整有效地代表矿产资源开发过程中农牧户个体权益（从草场资源中所获实际利益）损失的主体。

其次，应重视集体层面的草场（土地）财产权利在体现农牧户个体权益所受影响的复杂性和整体性方面的作用。这是因为，由于干旱半干旱草原社会生态系统作为一个整体，其内部社会和生态之间的复杂作用导致农牧户个体权益所受到的损害并不是彼此独立的，而是很大程度上嵌套在农牧户所在的社会生态系统当中，故而要在社区集体内部通过承包到户的草场产权来清晰代表农牧户个体权益的实际所受影响是非常困难的。完全基于农牧户个体的草场财产权利来建立补偿机制也会割裂农牧户个体权益同社会生态系统之间的嵌套关系，这在理论层面上表现为一种环境变化的尺度与管理环境的社会组织尺度之间出现了不匹配，进而造成社会生态系统的单项或多项功能被扰乱；相比之下，在体现一定范围内的农牧户个体权益所受影响的复杂性、整体性方面，集体层面的土地财产权利的代表性相对更好，且更有助于保持农牧户权益同社会生态系统之间的耦合关系。因此，农牧户在矿产资源开发过程中的利益补偿机制，不应该只是单一地以个体拥有的草场（土地）财产权利为基础来建立市场交换机制，还应统筹考虑以社区集体为主体的再分配机制等类似方式的作用。

第六章

结论与政策建议

第一节　研究结论

目前，针对矿产资源开发过程中，开发地生计遭受影响的农牧民补偿方面，大量学术研究认为，补偿问题的关键是确保农牧户在个体层面拥有完整的土地财产权利。相应地，在政策执行方面，目前农用地集体所有制下，尽管在形式上村民集体仍然是土地的所有权人，应由村集体经济组织或者村民委员会在土地经营管理以及土地的补偿费用分配等方面发挥一定作用，但实践操作中在朝着进一步发挥农牧民个体层面权利作用的方向发展。

在田野调查中，本研究发现在干旱半干旱区一些进行了矿产资源开发的地区，基于已经发包到户的草场（土地）承包经营权来建立补偿机制已经是一种较为普遍的做法，但这种与大量经济学研究所主张的明晰强化个体产权、建立市场交换机制方向一致的做法，仍然引发了当地在补偿过程中的一些问题。基于此，本研究尝试结合内蒙古鄂尔多斯市E旗和阿拉善盟A旗两处案例地，尝试对“在干旱半干旱区矿产资源开发过程中，建立在已经发包到户的农牧户草场承包经营权基础上的补偿机制，是否能够为受影响的农牧户获取有效补偿提供制度保障”这一现实问题进行回答。

在以“受到矿产资源开采活动影响的农牧户所获补偿是否能够

覆盖其畜牧业、种植业生产及生活所受损失，保证其原有生计水平不下降”为评判农牧户所获补偿是否有效的标准下，研究发现：

在鄂尔多斯市E旗的案例中，煤炭开采活动除直接占用和破坏大面积草场外，造成的地下水资源减损和污染问题还在生态系统的作用下，所影响范围远大于采矿活动直接占用的地表范围，造成草场占用范围之外的农牧户生产和生活受损。但在以农牧户个体的草场承包经营权为基础建立的补偿机制下，仅有被煤矿企业直接占用了草场的农牧户获得了相应的补偿，其生计水平在开采方的补偿支撑下保持了相对稳定的状态；相比之下，未被采矿活动直接占用草场的案例村农牧户，尽管其生产和生活也因采矿活动而遭受了明显损失，但由于其草场承包经营权并未受到影响，因此在现有补偿机制下未能获得任何补偿，后续生计水平出现明显下降。

在阿拉善盟A旗案例中，11个铁矿场的开采活动对牧户畜牧业生产所造成的影响相互交错、重叠，由此在农牧户受损的责任主体间形成了一个模糊空间。在以农牧户个体的草场承包经营权为基础建立的补偿机制下，当农牧户与铁矿协商补偿时，尽管可以就草场被开采活动直接占用范围内遭到破坏的植被、附着物等向铁矿开采方索要补偿，但是因地下水污染、扬尘污染等造成的畜牧业生产损失，农牧户则会因为责任主体难以清晰界定而难以获得有效补偿。一方面，直接占用其草场的铁矿场会认为相邻铁矿场同样负有一定责任，借此推卸补偿责任；另一方面，相邻铁矿场则会因为没有直接占用其草场而拒绝补偿。故而，在案例嘎查受访牧户中，近七成牧户未能得到与生产和生活所受损失相匹配的补偿，后续生计水平出现明显下降。

基于案例分析结果，研究得到的现实问题结论是：在干旱半干旱区的矿产资源开发过程中，建立在已经发包到户的农牧户草场承包经营权基础上的补偿机制，难以为全部受到采矿活动影响的农牧户获得与损失相匹配的补偿提供有效制度保障，部分农牧户的后续生计水平出现明显下降。

在此基础上，本研究基于权益理论，从将对物质的财产权利本身和从物质中获取的实际利益（权益）两者分开这一视角出发，构建"干旱半干旱区矿产资源开发对农牧户个体的草场产权和权益影响分析框架"，对现实问题结论背后的理论机理进行分析，得到了如下理论层面的结论：

（1）在干旱半干旱区的矿产资源开发过程中，农牧户个体权益所受损失并不一定体现为其个体拥有的草场承包经营权受损，因此仅仅依靠强化农牧户个体的草场产权并不足以完整有效地保障农牧户的个体权益。这是因为，农牧户个体手中的草场承包经营权虽然能够代表其因采矿活动占用而失去的一部分草场范围，但农牧户的生产和生活所受损失（权益受损）并不一定直接体现为农牧户个体拥有的草场承包经营权受损，且个体权益受损也并不像产权受损一样边界清晰。因此，农牧户个体对草场的权利并不是能够完整代表矿产资源开发过程中农牧户个体权益所受损失的有效主体。

（2）干旱半干旱区草原社会生态系统作为一个整体，其内部社会和生态子系统之间存在复杂的相互作用，矿产资源开采活动对农牧户的个体权益所造成的损害并不独立于其所在的社会生态系统之外，而是与之相耦合，开采活动的影响表现为整个村集体或小组范围内农牧户权益的受损。因此，应当注重发挥集体产权在有效代表牧户个体权益与社会生态系统之间的耦合关系，体现一定空间范围内的农牧户个体权益受损具有整体性、复杂性等方面的作用。而在现实案例中，集体产权基本上处于被架空的位置，并没有参与补偿机制的构建中。单纯依靠农牧户个体的草场承包经营权而构建的补偿机制割裂了农牧户个体权益与所在的社会生态系统之间的耦合关系，造成了相当一部分农牧户难以获得有效补偿。

第二节　补偿机制优化思路

基于上述分析，本研究发现在干旱半干旱区的矿产资源开发过程中，农牧户个体权益的受损并不一定能够通过个体层面草场（土地）财产权利所受影响而得到完整有效的体现，因为较个体层面产权受损的表现形式而言，个体层面的权益受损表现更为复杂，案例地较大比例的农牧户存在个体权益遭受损失但个体拥有的草场承包经营权未受影响的情况。这一过程中，应当重视村集体层面的草场财产权利在体现农牧户个体权益与所在社会生态系统之间耦合关系方面的有效性，以及体现村集体范围内个体权益所受影响的整体性、复杂性方面的有效性。

基于这样的认识，本研究认为在构建干旱半干旱区矿产资源开发中的农牧民利益补偿机制时，不应只考虑农牧户个体层面拥有的草场（土地）财产权利，单纯基于个体的草场承包经营权而建立的补偿机制显然在实践中暴露出了一些局限性。应更多地从农牧户个体的草场产权和权益受到采矿活动影响时的不同表现特征出发，充分认识到集体产权在体现个体权益与社会生态系统之间耦合关系方面的有效性，充分依托不同层面产权的作用来构建补偿机制，具体而言：

其一，针对于矿产资源开发过程中被矿场及各类生产设施直接占用范围内的草场和相关附着物，由于这方面影响的边界和责任清晰，明确表现为农牧户失去了该部分范围的草场承包经营权，个体层面的权益和产权所受影响表现一致，因此应充分发挥农牧户个体权利在资源配置中的有效性，以发包到户的草场承包经营权为基础建立市场化的交换补偿机制。

其二，在上述范围之外，针对矿产资源开发在社会生态系统复杂作用下对农牧户的生产和生活所造成的复杂影响，由于这方面个体权益受损的表现与产权所受影响的表现并不一致，即农牧户个体权益的受损并不一定能够体现为农牧户个体拥有的草场承包经营权受损，并且单个农牧户权益的受损是与整个社会生态系统受到的扰动相耦合的。因此，应更多地发挥农村集体土地产权对于体现系统整体所受影响方面的代表性作用，以村集体经济组织或者村民委员会为主体同采矿企业进行影响和补偿方面的协商，而后由集体成员讨论商议，按一定规则将补偿再分配给实际权益遭受损失的农牧户。

第三节 研究展望

一、研究的创新点

本研究主要有如下几方面创新点。

首先，为干旱半干旱区矿产资源开发中，农牧户的草场产权配置同其个体权益保障之间关系方面的探讨，提供了新的研究视角。现有研究对矿产资源开发过程中农牧户个体和集体层面产权同农牧户个体权益保障之间关系的讨论，主要局限在社会经济系统内部，关注的主要是权利本身的资源配置效率。然而，只关注单一维度显然忽视了社会生态系统环境变化的尺度与管理环境社会组织尺度之间的匹配性，以及不匹配出现时对产权的资源配置效率所产生的影响。本研究提出将干旱半干旱区农牧民对于草场的财产权利同其从草场及其附属资源中所获实际利益（权益）这两方面分开，在关注矿产资源开发过程中农牧户草场产权受到的影响的同时，关注并讨论农牧户从草场及其附属资源中获取实际利益的过程所受到的影响，以及个体权益所受影响与农牧户所在的社会生态系统之间的关系。在关注农牧户个体对草场享有的财产权利的同时，也关注农牧户个体的权益与所在社会生态系统之间的嵌套关系，由此避免了当前大量研究只关注个体层面的草场（土地）财产权利，而忽略了个体层面草场权利难以完整有效体现农牧户在矿产资源开发中实际利益（权益）所受影响的复杂性和整体性。

其次，为矿产资源开发过程中农牧户个体权益的保障与草场（土地）产权配置之间的关系这一问题提供了新的分析方法。目前虽然有少量研究认识到在干旱半干旱区草场产权配置方面，应当充分认识在经济社会系统与生态系统间的相互作用下，产权配置和权利人实际获取利益过程之前的关系，但这方面分析仍局限于农牧业生产系统内，对于矿产资源开发或其他工业化过程中农牧户个体层面草场产权同个体权益保障之间的关系，缺乏系统有效的分析方法。本研究在充分认识干旱半干旱区社会生态系统复杂性的基础上，基于权益理论提出了“干旱半干旱区矿产资源开发对农牧户个体的草场产权和权益影响分析框架”，用来研究矿产资源开发过程中农牧户个体权益的保障与草场产权配置之间的关系，弥补了现有研究在分析方法上的不足。

最后，为干旱半干旱区矿产资源开发过程中受损农牧户利益补偿机制的构建提供新的政策思路。本研究提出，应关注在矿产资源开采活动干扰下，农牧户个体层面的草场承包经营权与从草场及其附属资源中获取实际利益的过程（开展畜牧业、种植业生产）所受影响的不同表现特征，并针对这类不同，构建以不同权利主体（农牧户个体或村集体）为基础的多元补偿机制，而非当前大量研究和政策实践中仅关注和强调个体层面的土地财产权利，将补偿机制单一地建构在划分到户的草场承包经营权基础上，难以为农牧户的实际权益受损提供完整有效的制度保障。

二、未来研究展望

在我国，干旱半干旱区覆盖的陆地国土面积超过30%，生态类型多种多样，区域内居住的农牧民的生产和生活方式、土地产权配置方式等也不尽相同。同时，在不同地区，矿产资源开发对当地农牧民生产和生活的具体影响表现，补偿机制的具体建构和执行方式也存在诸多不同。本研究试图对干旱半干旱区矿产资源开发过程中，农牧户的草场产权同其权益保障之间的关系进行探讨，但受限于研究材料、研究区域及个人精力等方面限制，尚存在如下几方面有待进一步完善。

其一，本研究所涉及的案例地均为地表水系极度不发达、天然降雨缺乏，必须主要依靠地下水来维持生产和生活的地区。若在存在湖泊或溪流，抑或天然降水能够在一定程度上补给农牧业生产的地区，采矿活动对当地农牧户的生产和生活（依靠土地资源实际获取利益过程）所造成的影响可能会有所不同。因此关于矿产资源开发过程中，农牧户个体权益所受影响及其保障与土地产权配置之间的关系，尚需要在更多不同生态类型地区进行更多实证研究，现有研究结论需要严格限定研究对象。

其二，本研究主要对矿产资源开发过程中，农牧户的草场（土地）产权、权益所受影响及其保障之间的关系作了研究，并在此基础上提出在补偿农牧户生产和生活所受损失时，应统筹认识个体和集体层面的草场（土地）财产权利所能发挥的作用，构建以不同权利主体（农牧户个体、村集体经济组织或村民委员会）为基础的多元补偿机制。但是，在具体如何构建和执行方面，即具体以何种方式将以个体财产权利为主的市场交换机制和以集体财产权利为主的再分配机制相结合，市场交换机制下的具体补偿测算方式、集体财产权利下应怎样进行再分配等问题，限于时间，本研究未能作进一步探讨。

附　录

鄂尔多斯市、阿拉善盟征地统一年产值标准和征地区片综合地价

（单位：元/亩）

盟市	旗县（市、区）	区域区片	区域/区片描述	统一年产值			区片综合地价	地类修正系数			
				区域标准	倍数	补偿标准		耕地	园地	林地	草地
A	B	C	D	E	F	G	H	I	J	K	L
鄂尔多斯市	康巴什区	Ⅰ	哈巴格希街道办事处				45516	1	–	0.33	0.3
		Ⅱ	寨子塔村、达尔罕壕村				33773	1	–	0.42	0.36
		Ⅲ	乌拉希里村、格德热格村、查干呼舒村				33058	1	–	0.42	0.31
	达拉特旗	Ⅰ	树林召镇：三倾地村、树林召村、树林召城区				51728	1	–	0.51	0.25
		Ⅱ	树林召镇：靴铺窑子村、五股地村、南伙房村、白柜村、平原村、林原村、大树湾村、田家营子村、新民村、东海心村、二锁圪梁村				40251	1	–	0.48	0.26
		Ⅲ	树林召镇：什拉台村、沟心召村、沙坝子村、草原村、关碾房村、张铁营子村 白泥井镇：公乌素村、大纳林村、柴登壕村、白泥井村、海勒素村、侯家营子村、七份子村、道劳窑子村、唐公营子村 恩格贝镇：蒲圪卜村、新圪旦村、柳子圪日村、北海村、乌兰村 吉格斯太镇：三眼井村、沟心召村、柳沟村、梁家圪堵村、大红奎村、张义成窑子村、蛇肯点素村 王爱召镇：三份子村、榆林子村、小淖村、东兴村、裕太奎村、大淖村、黄牛营子、宋五营子、杨家营子、德胜营、新城、德胜太、新民堡村、生成永村、王爱召村、杨家圪堵、三座茅庵村、南红桥村、西社村、新和村 展日召苏木：道劳哈勒村、福茂城村、海子湾村、井泉村、柳林村、建设村、黄木独村、天义昌村、长胜村、展旦召嘎查、沙湾子嘎查 昭君镇：和胜村、侯家圪堵村、二狗湾村、沙圪堵村、四村、沙壕村、刘大圪堵村、羊场村、二罗圪堵村、柴磴嘎查、巴音色古楞嘎查、门肯嘎查 中和西镇：红海村、宝日呼舒村、南伙房村、翻身村、乌兰计村				29943	1	–	0.54	0.28

（续表）

盟市	旗县（市、区）	区域区片	区域/区片描述	统一年产值			区片综合地价	地类修正系数			
				区域标准	倍数	补偿标准		耕地	园地	林地	草地
A	B	C	D	E	F	G	H	I	J	K	L
	达拉特旗	Ⅳ	树林召镇：耳字壕村、城塔村、河洛图村、哈什拉村 白泥井镇：敖包梁村、石匠窑村、母哈日沟村、可图梁村、刘长沟村、盐店村、新民渠村 恩格贝镇：补录梁村、哈拉亥图村、耳字沟村、呼斯图梁村、查干沟村、元宝湾村、茶窑沟村、牛场梁村、黄母哈日村、武大仓村 吉格斯太镇：王家壕村、马场壕村、乌兰壕村 展旦召苏木：赛乌素村、石活子村、查干沟村、哈达图村、和合成梁村、青达门村、塔并召村、枳机塔村 昭君镇：石巴圪图村、赛乌素村、高头窑村、查于沟村、白家塔、吴四圪堵村 中和西镇：官井村、南布日嘎斯太村、牧业村、万太兴村				21191	1	–	0.34	0.29
	准格尔旗	Ⅰ	兴隆街道办事处：薛家湾村 友谊街道办事处：长胜店村 沙圪堵镇：不拉村				62160	1	–	0.25	0.24
		Ⅱ	薛家湾镇：长滩村、哈拉敖包村、业林沟村、红台子村、柳树湾村、大塔村、不连沟村、城坡村、黑岱沟村、阳窑子村、马家塔村、三宝窑子村、柳青梁村、大饭铺村、点岱沟村、海子塔村、永胜壕村、牛光圪旦村、亭子墕村、良安窑村、百草塔村、阳塔村、勉格令村、宁格尔塔村、白家渠村、沟门村、巴润哈岱村、白大路村 友谊街道办事处：苏计沟村、唐公塔村、草场村、张家圪旦居委 兴隆街道办事处：王青塔村、邦郎色太村 蓝天街道办事处：阿岱沟村 迎泽街道办事处：巴汉图村								

（续表）

盟市	旗县（市、区）	区域区片	区域/区片描述	统一年产值			区片综合地价	地类修正系数			
				区域标准	倍数	补偿标准		耕地	园地	林地	草地
A	B	C	D	E	F	G	H	I	J	K	L
		Ⅱ	大路镇：东孔兑村、老山沟村、何家塔村、房子滩村、前房子村、城壕村、大沟村、二旦桥村、常树梁村、乌兰不浪村、尔圪气村、小滩子村 布尔陶亥苏木：公益盖村、铧尖村、孔兑沟村、嵩召赖嘎查、尔圪壕嘎查、植机壕村、李家塔村 沙圪堵镇：速机沟村、乌拉素村、贾浪沟村、常胜店村、榆树塔村、刘家渠村、乌素沟村、特拉门沟村、伏路村、神山村、西营子村、哈拉沟村、庙壕村、打麻梁村、安定壕村、敖靠塔村、忽昌梁村、纳林村、五字湾村、四道包村、双山梁村、张家圪堵村、石窑沟村、布尔洞沟村 十二连城乡：巨合滩村、召梁村、天顺圪梁村、康布尔村、西不拉村、兴胜店村、杨子华村、蓿亥图村、东不拉村、二道拐村、脑包湾村、五家尧子村、董三尧子村、卅顷地村、广太昌村、蛮汉壕村、黑圪劳湾村、西柴登村、柴登村 暖水乡：水泉沟村、圪秋沟村、昌汉不拉村、昌汉素村、哈必汉村、德胜有梁村、暖水村、榆树壕村 龙口镇：郑峁梁村、家峁村、双敖包村、井子沟村、龙口社区、大口村、沙墕村、马栅村、南窑梁村、大圆圖梁村、沙坪梁村、红树梁村、公盖梁村、韩家塔村、麻地梁村、范家峁村、台子梁村、柏相公村、魏家峁村、四分子村 纳日松镇：山不拉村、乌拉素村、羊市塔村、奎洞沟村、纳林庙村、大西沟村、松树墕村、老荒地村、二长渠村、川掌村、勿图门村、勿图沟村、阿贵庙村、红进塔村、乌兰哈达村、大路峁村、敖劳不拉村、柳塔村、二道柳村 准格尔召镇：准格尔召村、忽吉图村、碳窑渠村、四道柳村、铧尖村、黄天棉图村、沙嵩塔村、乌兰哈达村				47875	1	–	0.28	0.2

（续表）

盟市	旗县（市、区）	区域区片	区域/区片描述	统一年产值			区片综合地价	地类修正系数			
				区域标准	倍数	补偿标准		耕地	园地	林地	草地
A	B	C	D	E	F	G	H	I	J	K	L
		Ⅲ	布尔陶亥苏木：腮五素村、达坝席利嘎查 沙圪堵镇：寨子塔村 暖水乡：肯木肯村、韩家塔村、德胜西村				33320	1	–	0.36	0.21
	东胜区	Ⅰ	东胜区：建设街道办事处、林荫街道办事处、交通街道办事处、富兴街道办事处、公园街道办事处、天骄街道办事处				161785	1	–	0.28	0.27
		Ⅱ	东胜区：幸福街道办事处、纺织街道办事处、民族街道办事处、兴胜街道办事处、巴音孟克街道办事处、诃额伦街道办事处				79100	1	–	0.43	0.41
		Ⅲ	罕台镇：布日都村、灶火壕村、永胜村、色连村、查干村、达尔罕壕村（庆丰社区） 铜川镇：枳机塔村、添漫梁村、铜川村、常青村、格舍壕村				35180	1	–	0.46	0.4
		Ⅳ	罕台镇：橄家塔村、九城功村、罕台村 铜川镇：潮脑梁村、神山村				33666	1	–	0.46	0.4
		Ⅴ	泊尔江海子镇：海子湾村、漫赖村、宗兑村、泊江海子村、城梁村、巴音敖包村、折家梁村、石畔村、海畔村、柴登村、什股壕村				29401	1	–	0.46	0.4
	鄂托克前旗	Ⅰ	敖勒召其镇：大沙头村、敖勒召其嘎查、敖勒召其镇人民政府				14980	1	–	0.38	0.31
		Ⅱ	敖勒召其镇：查于巴拉嘎苏嘎查、三道泉则村、乌兰道崩嘎查、三段地村、漫水塘村、洪山塘村、马场井村、伊克乌素嘎查、巴郎庙村、三段地社区				14529	1	–	0.34	0.29

（续表）

盟市	旗县（市、区）	区域区片	区域/区片描述	统一年产值			区片综合地价	地类修正系数			
				区域标准	倍数	补偿标准		耕地	园地	林地	草地
A	B	C	D	E	F	G	H	I	J	K	L
		Ⅲ	敖勒召其镇：塔布陶勒盖嘎查 城川镇：城川镇人民政府、城川嘎查、城川中心治沙站、糜地梁嘎查、大池村、二道川中心治沙、二道川社区、二道川村、马鞍桥村、哈日色日嘎查、吉拉社区、克珠日嘎查、麻黄套村、胡芦素淖日村、巴彦希里嘎查、珠和社区、乌定希泊日嘎查 、巴彦希泊日嘎查、高潮畔村、章昂希里村、黄海子村、克珠日村、新寨子嘎查、珠拉图嘎查、呼和陶勒盖嘎查、希里嘎查、敦达图嘎查、羊场壕村、大发村、苏坝海子村、大场子村、大沟湾村、阿日勒嘎查、克泊日嘎查、伊克柴达木嘎查 昂素镇：明盖嘎查、库伦嘎查、乌兰呼舒嘎查、毛盖图社区、巴彦什里嘎查、苏力迪嘎查、查干陶勒盖林场、昂素嘎查委员会、巴彦乌素嘎查、巴彦柴达木嘎查、巴彦呼日呼嘎查、哈日根图嘎查、玛拉迪社区、玛拉迪嘎查、毛盖图嘎查、克仁格图嘎查、沙日胡舒嘎查、巴彦乌珠日嘎查、阿日来嘎查、昂素镇人民政府 上海庙镇：上海庙镇人民政府、沙章图村、八一村、芒哈图社区、水泉子村、上海庙国营牧场、白图嘎查、哈沙图嘎查、阿勒台嘎查、芒哈图嘎查、特布德嘎查、陶利嘎查、公乌素嘎查、乌提嘎查、布拉格社区				14037	1	–	0.34	0.27
	鄂托克旗	Ⅰ	乌兰镇：哈马日格太嘎查、乌兰新村 蒙西镇：伊克布拉格嘎查、新民村、羊场村、碱柜村、渠畔村 棋盘井镇：额尔和图嘎查				18735	1	–	0.44	0.4

（续表）

盟市	旗县（市、区）	区域区片	区域/区片描述	统一年产值			区片综合地价	地类修正系数			
				区域标准	倍数	补偿标准		耕地	园地	林地	草地
A	B	C	D	E	F	G	H	I	J	K	L
		Ⅱ	乌兰镇：察汗淖尔嘎查、乌兰柴达木嘎查、乌兰图克嘎查 棋盘井镇：乌仁都西嘎查 阿尔巴斯苏木：赛音乌素嘎查、鄂托克旗赛因乌素草籽场 蒙西镇：巴音温都尔嘎查				14397	1	–	0.42	0.35
		Ⅲ	阿尔巴斯苏木：内蒙古白绒山羊种羊场、陶利嘎查、巴音乌素嘎查、巴音陶勒盖嘎查、布隆嘎查、呼和陶勒盖嘎查、马新布拉格嘎查、阿如布拉格嘎查、敖伦其日嘎嘎查、脑高岱嘎查、乌兰乌素嘎查、希尼其日嘎嘎查、哈图嘎查、乌兰其日嘎嘎查 蒙西镇：苏亥图嘎查、其劳图村 木凯淖尔镇：乌兰其日嘎村、乌兰吉林村、包勒壕内村、乌素其日嘎村、乌兰哈达村、旧庙湾村、木凯淖尔村、桃力民村、大克泊尔村、察汗敖包村、扎德盖村、索扣村、巴音淖尔村、召稍村、伊克乌素村、达楞图如村、水泉子村、小湖村 棋盘井镇：呼吉嘎查、百眼井村、阿如其日嘎村、石勒凯村、深井村、苏米图村、楚鲁拜嘎查、伊克达赖嘎查 苏米图苏木：查汗敖包嘎查、哈达图嘎查、额尔和图嘎查、苏里格嘎查、斯布扣嘎查、马什亥嘎查、巴嘎额尔和图嘎查、苏米图嘎查、巴音布拉格嘎查、伊连陶勒盖嗅查 乌兰镇：赛罕塔拉嘎查、沙日布日都嘎查、敖伦淖尔嘎查、苏吉嘎查、包日呼舒嘎查、马新布拉格嘎查、德日苏嘎查、查汗陶勒盖嘎查、包日塔拉嘎查、海岱嘎查				12931	1	–	0.36	0.31

（续表）

盟市	旗县（市、区）	区域区片	区域/区片描述	统一年产值			区片综合地价	地类修正系数			
				区域标准	倍数	补偿标准		耕地	园地	林地	草地
A	B	C	D	E	F	G	H	I	J	K	L
	乌审旗	Ⅰ	嘎鲁图镇：巴音温都尔嘎查、后寨子村（后寨则村）、达布察格村（达布察克村） 无定河镇：巴图湾村				15292	1	–	0.48	0.42
	乌审旗	Ⅱ	嘎鲁图镇：巴音柴达木村、沙如勒努图格嘎查（沙如勒努图克嘎查）、布赛嘎查、斯布呼勒嘎查（斯布扣嘎查）、沙沙音柴达木村（沙沙滩村）、深水台村（神水台村）、毛敦柴达木村（木都柴达木村） 苏力德苏木：沙尔利格嘎查、塔拉音乌素嘎查（塔来乌素嘎查）、陶利查、昌黄嘎查（昌煌嘎查）、通史嘎查、朝岱嘎查、蘑菇滩村、纳林河村 图克镇：葫芦孙淖尔村（葫芦素村）、沙日嘎毛利村（沙日嘎毛日村）、陶报格嘎查（陶报嘎查）、达汉庙嘎查、黄陶勒盖嘎查、梅林苏莫嘎查（梅林庙嘎查）、图古勒岱嘎查（图呼勒岱嘎查）、乌兰沙巴尔台村（乌兰什巴台村）、呼吉尔特村、巴音淖尔嘎查、大牛地村 乌兰陶勒盖镇：巴音希里嘎查（巴音希利嘎查）、巴音高勒嘎查、巴音敖包嘎查、跃进村、胜利村、红旗村、前进村 乌审召镇：巴音陶勒盖嘎查、浩勒报吉村、查于苏莫嘎查（查汉庙嘎查）、中乃村 无定河镇：宝日陶勒盖村（包日陶勒盖村）、堵嘎尔湾村、毛布拉格村、河南村、庙滩村、水清湾村、红进滩村、王窑湾村、无定河村、萨拉乌苏村、排子湾村、大石砭村、小石砭村				14819	1	–	0.42	0.35

（续表）

盟市	旗县（市、区）	区域区片	区域/区片描述	统一年产值			区片综合地价	地类修正系数			
				区域标准	倍数	补偿标准		耕地	园地	林地	草地
A	B	C	D	E	F	G	H	I	J	K	L
		Ⅲ	苏力德苏木：陶日木音苏莫嘎查（陶尔庙嘎查）、包日呼德嘎查（宝日呼岱嘎查）、呼和芒哈嘎查 乌审召镇：乌审召嘎查、布日都嘎查、巴嘎淖尔村 嘎鲁图镇：呼和淖尔嘎查、呼和陶勒盖嘎查				14142	1	–	0.43	0.35
	杭锦旗	Ⅰ	巴拉贡镇：山湾村、昌汉白村、新建村、朝凯村 独贵塔拉镇：沙圪堵淖尔村、道图嘎查、永新村、二圪旦湾村、隆茂永村、杭锦淖尔村、芒哈图村、乌兰木独村、独贵塔拉村、解放村、永先村、乌兰淖尔村 呼和木独镇：巴拉亥村、巴音温都尔嘎查、大套子村、查干淖尔嘎查、东红柳村 吉日嘎郎图镇：黄芥壕嘎查、光茂村、光永村、格更召嘎查、乃玛岱村、巴音村、麻迷图村、光前村、三苗树村、五苗树村、苏布日格村、碱柜村				18083	1	–	0.45	0.28
		Ⅱ	巴拉贡镇：巴音恩格尔嘎查、乌吉尔嘎查 独贵塔拉镇：查干补拉格嘎查、图古日格嘎查、沙日召嘎查 锡尼镇：扎日格嘎查、道劳呼都格嘎查、天斯图嘎查、阿拉腾图布希嘎查、阿斯尔嘎查、巴音布拉格嘎查、陶赖高勒村、赛音台格嘎查、浩绕柴达木嘎查、锡尼布拉格嘎查、阿日柴达木村、乌兰敖包村、中图村、阿门其日格村、古城梁村、新井渠村、察哈尔乌素村、天德恒湾村、广丰村、布哈岱村、胜利村 伊和乌素苏木：脑高岱嘎查、哈夏图嘎查、沙日摩仁嘎查、敖楞布拉格嘎查、陶日木嘎查、锡尼其日格嘎查、巴音孟和嘎查、乌日更嘎查				17860	1	–	0.42	0.36

（续表）

盟市	旗县（市、区）	区域区片	区域/区片描述	统一年产值			区片综合地价	地类修正系数			
				区域标准	倍数	补偿标准		耕地	园地	林地	草地
A	B	C	D	E	F	G	H	I	J	K	L
		Ⅲ	独贵塔拉镇：乌定布拉格村、巴音庆格利嘎查、敖楞乌素嘎查、塔然高勒村、白音布拉格嘎查 伊和乌素苏木：巴音温独尔嘎查、巴音乌素嘎查、阿日善嘎查、巴音嘎查				17175	1	–	0.4	0.34
	伊金霍洛旗	Ⅰ	阿勒腾席热镇：曼赖村、红海子村、车家渠村、阿勒腾席热、查干庙村、瓦窑圪台村、桑盖村				56694	1	–	0.45	0.27
		Ⅱ	阿勒腾席热镇：柳沟村、掌岗图村 伊金霍洛镇：根皮庙村、沙日塔拉村、沙巴日太嘎查、龙活音扎巴村、壕赖村、甘珠日庙村 乌兰木伦镇：哈沙图村、布尔台格村、曼斋庙村、明安木都村				31160	1	–	0.36	0.34
		Ⅲ	红庆河镇：林家圪堵村、呼家壕村、其劳图村、冯家渠村、台格希里村、哈希拉嘎村、哈达图淖尔村、纳林希里村、木呼尔敖包村、乌兰敖包村、兰家圪卜村、红庆河村、额日克柴达木村、白格针村、珠兰敖包村、乌兰淖尔村、通格朗村、特宾苏莫村、其和淖尔村、其根沟村、独贵梁村、昌井渠村、布连图村、宝林村、巴音布拉格村、巴本岱村、阿日勒图村、阿道亥村 纳林陶亥镇：其根高勒村、新庙村、毕鲁图村、布都阿麻村、大柳塔村、满赖沟村、道劳岱村、布尔敦塔村、淖尔壕村、阿吉尔玛村、纳林塔村、朱日根沟村、海勒素壕村、呼雅克图村、沙沙圪台村、全和常村								

（续表）

盟市	旗县（市、区）	区域区片	区域/区片描述	统一年产值			区片综合地价	地类修正系数			
				区域标准	倍数	补偿标准		耕地	园地	林地	草地
A	B	C	D	E	F	G	H	I	J	K	L
		Ⅲ	苏布尔嘎镇：光明村、木呼尔敖包村、壕赖苏村、小乌兰敖包村、敖尔给呼村、苏布尔嘎嘎查、光生村、毛盖图村、敏盖村、光胜村、镇乌尔掌村、敖包圪台村、阿尔胡德梁村、杨家壕村、乌兰提格村、扎斋庙村、哈布其勒村、道劳岱村、阿日雅布鲁村、伊勒概沟村、全盛久村、毛乌聂盖村、合同庙村、哈拉盖图村、查干日格尔村、阿斯日音希里村、阿格图村 伊金霍洛镇：诺干补拉格村、查干陶日木村、斋森召村、赛乌聂盖村、查干呼都嘎音希里村、喇嘛敖包村、查干敖包村、乃玛岱村、石灰音苏莫嘎查、布拉格嘎查 札萨克镇：松道沟村、黄盖希里村、道劳窑子村、树壕村、巴音盖村、玛勒庆壕赖村、乌兰陶勒盖村、银盘河村、黄陶勒盖村、哈日木呼尔村、新街村、阿木退庙村、塔尔河村、扎萨克召村、查干柴达木村、给勒登庙村、毛盖图村、壕赖柴达木村、高勒庙村、贯勒斯太村、都嘎敖包村、门克庆嘎查、巴嘎柴达木村、查干淖尔嘎查、台格嘎查村、乌磴柴达木村、塔日雅柴达木村 乌兰木伦镇：木都希里村、折家梁村、石灰沟村、上湾村、布连海子村、查干苏村、布连塔村、格丑庙村、花亥图村、苏勒德霍洛村、乌兰木伦村、巴日图塔村				30606	1	–	0.36	0.34
阿拉善盟	阿拉善左旗	Ⅰ	巴彦浩特镇：扎海乌苏嘎查、巴彦霍德嘎查、布古图嘎查、巴彦浩特镇人民政府 吉兰泰镇：瑙干勃日嘎查、查哈尔沙拉嘎查、呼和陶勒盖嘎查、乌达木塔拉嘎查 巴润别立镇：图日根嘎查、塔塔水嘎查、白石头嘎查、岗格嘎查、阿拉腾塔拉嘎查、孟根塔拉嘎查、巴彦宝格德嘎查、铁木日乌德嘎查					1	–	41.6	1

（续表）

盟市	旗县（市、区）	区域区片	区域/区片描述	统一年产值			区片综合地价	地类修正系数			
				区域标准	倍数	补偿标准		耕地	园地	林地	草地
A	B	C	D	E	F	G	H	I	J	K	L
		Ⅱ	温都尔勒图镇：德力乌兰嘎查、赛汉塔拉嘎查 巴彦浩特镇：敖包图嘎查、巴彦笋布尔嘎查、苏木图嘎查、前进嘎查、跃进嘎查、伊克尔嘎查、巴彦塔拉嘎查、塔尔岭嘎查、伊和呼都格嘎查、通古勒格淖尔嘎查、特莫图嘎查、贡湖都格嘎查、希尼套海嘎查 敖伦布拉格镇：其格扎格嘎查、蒙和哈日根嘎查、宝特根乌素嘎查、巴彦毛道农场 巴润别立镇：科泊那木格嘎查、沙日霍德嘎查、上海嘎查、巴彦朝格图嘎查 宗别立镇：阿日善嘎查、格日勒图嘎查 嘉尔嘎勒赛汉镇：阿敦高勒嘎查、查汉高勒嘎查、塔日阿图嘎查、哈腾高勒嘎查、厢和图嘎查、科森嘎查、呼布其嘎查、乌兰恩格嘎查、豪依尔呼都格嘎查（浩依尔呼都格嘎查）				433	76.8	–	38.4	1
		Ⅲ	温都尔勒图镇：塔本胡都格嘎查、温格其太嘎查、巴润霍德嘎查 宗别立镇：乌日音图雅嘎查、敖敦格日勒嘎查、芒乃嘎查、嘎勒布斯太嘎查 巴彦浩特镇：英格图嘎查 吉兰泰镇：哈图呼都格嘎查、图格里嘎查、希尼呼都格嘎查、扎哈布鲁格嘎查、瑙干陶力嘎查、沙日布日都嘎查、哈图陶勒盖嘎查（哈图呼都格嘎查，瑙干陶力嘎查） 巴彦木仁苏木：上滩嘎查、联合嘎查 乌斯太镇：乌兰毛道嘎查、巴音敖包嘎查 敖伦布拉格镇：巴彦哈日嘎查、巴彦毛道嘎查				389	71.3	–	35.6	1

（续表）

盟市	旗县（市、区）	区域区片	区域/区片描述	统一年产值			区片综合地价	地类修正系数			
				区域标准	倍数	补偿标准		耕地	园地	林地	草地
A	B	C	D	E	F	G	H	I	J	K	L
		Ⅳ	温都尔勒图镇：乌兰陶勒盖嘎查、扎哈道兰嘎查 吉兰泰镇：召素陶勒盖嘎查、巴彦乌拉嘎查、希勃图嘎查、苏里图嘎查、巴特日布拉格嘎查、敖日格呼嘎查、乌西尔格嘎查、布日嘎斯太嘎查、庆格勒嘎查 嘉尔嘎勒赛汉镇（超格图呼热苏木）：鄂门高勒嘎查、乌兰泉吉嘎查、敦德高勒嘎查、辉图高勒嘎查、扎格图嘎查 嘉尔嘎勒赛汉镇：乌兰呼都格嘎查、巴兴图嘎查、阿格坦乌素嘎查、查汉艾米嘎查（查汉鄂木嘎查） 腾格里额里斯镇：特莫乌拉吗查、乌兰哈达嘎查、查拉格嘎查（查拉格尔嘎查）、塔本陶勒盖嘎查 巴彦木仁苏木：乌兰布和嘎查、巴彦树贵吗查、乌兰素海嘎查、巴彦树贵嘎查（巴彦套海嘎查） 敖伦布拉格镇：和平嘎查、查干德日斯嘎查、希尼乌素嘎查、图克木嘎查 巴彦诺尔公苏木：伊和布拉格嘎查、哈尔木格台嘎查、都尔勒吉嘎查、通格图嘎查、阿日呼都格嘎查、查干敖包嘎查、陶力嘎查、苏海图嘎查、浩坦淖日嘎查				350	66.7	–	33.3	1
		Ⅴ	嘉尔嘎勒赛汉镇（超格图呼热苏木）：敖努图嘎查、查干布拉格嘎查 吉兰泰镇：呼和温都尔嘎查、查汗温都尔格嘎查、德日图嘎查、额然陶勒盖嘎查、巴彦洪格日嘎查 乌力吉苏木：温都尔毛道嘎查、沙日扎嘎查、乌力吉赛汉嘎查 乌力吉苏木（银根苏木）：查干扎德盖嘎查、科泊嘎查、达来图如嘎查				301	66.5	–	33.3	1

盟市	旗县（市、区）	区域区片	区域/区片描述	统一年产值			区片综合地价	地类修正系数			
				区域标准	倍数	补偿标准		耕地	园地	林地	草地
A	B	C	D	E	F	G	H	I	J	K	L
		Ⅵ	巴彦诺尔公苏木：沙日布拉格嘎查 额尔克哈什哈苏木：乌尼格图嘎查、巴彦淖日嘎查、乌日图霍勒嘎查、格丁嘎查、沙日呼噜斯嘎查、巴彦霍勒嘎查、图兰太嘎查、查干淖日嘎查				263	70.9	–	35.5	1
	阿拉善右旗	Ⅰ	额肯呼都格镇：额肯呼都格嘎查、巴音博日格嘎查、巴彦高勒嘎查、阿日毛道嘎查 雅布赖镇：努日盖嘎查 阿拉腾朝克苏木：查干通格嘎查				272	128	–	83.5	1
		Ⅱ	额肯呼都格镇：乌兰塔塔拉嘎查、傲伦布拉格嘎查、莎布日台嘎查、苏布日格嘎查 雅布赖镇：伊和呼都格嘎查、新呼都格嘎查 阿拉腾朝克苏木：查干德日素嘎查、呼和乌拉嘎查				259	124	–	80.3	1
		Ⅲ	雅布赖镇：巴音笋布日嘎查 阿拉腾朝克苏木：那仁布鲁格嘎查、瑙滚布拉格嘎查 曼德拉苏木：呼德呼都格嘎查、锡林布拉格嘎查、固日班呼都格嘎查、查干努如嘎查、夏拉木嘎查、巴音呼都格嘎查、沙林呼都格嘎查 阿拉腾敖包镇：巴音塔拉嘎查、则勒博日格嘎查、布日都嘎查、恩格日乌素嘎查				249	116	–	75.6	1
		Ⅳ	雅布赖镇：巴丹吉林嘎查 阿拉腾敖包镇：那仁布鲁格嘎查、瑙滚布拉格嘎查 曼德拉苏木：呼德呼都格嘎查、锡林布拉格嘎查、固日班呼都格嘎查、查干努如嘎查、夏拉木嘎查、巴音呼都格嘎查、沙林呼都格嘎查 阿拉腾朝克苏木：阿拉腾塔拉嘎查				225	121	–	78.5	1

（续表）

盟市	旗县（市、区）	区域区片	区域/区片描述	统一年产值			区片综合地价	地类修正系数			
				区域标准	倍数	补偿标准		耕地	园地	林地	草地
A	B	C	D	E	F	G	H	I	J	K	L
	额济纳旗	Ⅰ	达来呼布镇：乌苏荣贵嘎查（中部）、吉日嘎郎图嘎查（中部） 苏泊淖尔苏木：乌兰图格嘎查（东部）、伊布图嘎查（东部） 赛汉陶来苏木：赛汉陶来嘎查（沿河区域）、孟克图嘎查（沿河区域） 东风镇：宝日乌拉嘎查（沿河区域）				265	139	–	69.5	1
		Ⅱ	达来呼布镇：乌苏荣贵嘎查、吉日嘎郎图嘎查、温图高勒嘎查（湿地） 苏泊淖尔苏木：乌兰图格嘎查、伊布图嘎查、策克嘎查 赛汉陶来苏木：赛汉陶来嘎查、孟克图嘎查 东风镇：额很查干嘎查、宝日乌拉嘎查（北部）				215	149	100	74.4	1
		Ⅲ	达来呼布镇：温图高勒嘎查 东风镇：古日乃嘎查、宝日乌拉嘎查（南部） 马鬃山苏木：苏海布拉格嘎查（南部）				187	150	100	74.9	1
		Ⅳ	马鬃山苏木：苏海布拉格嘎查（北部） 黑鹰山镇：黑鹰山嘎查				169	150	100	74.8	1

资料来源：内蒙古自治区人民政府办公厅关于公布自治区征地统一年产值标准和征地区片综合地价的通知（2018）。

参考文献

参考文献

阿拉善盟发展和改革委员会, 2013. 敖伦布拉格产业园区国民经济和社会发展第十二个五年规划[EB/OL]. http：//www.als.gov.cn/fgw/contents/1929/502170.html. 2013-10-22.

白淑英, 吴奇, 沈渭寿, 等, 2016. 内蒙古草原矿区土地退化特征[J]. 生态与农村环境学报, 32（2）：178-186.

（德）鲍尔·施蒂尔纳, 2004. 德国物权法[M]. 张双根, 译. 北京：法律出版社.

Baur, Sturner, 2004. 德国物权法[M]. 北京：法律出版社.

卞正富, 沈渭寿, 2016. 西部重点矿区土地退化因素调查[J]. 生态与农村环境学报, 32（2）：173-177.

蔡继明. 中国的现代化、城市化与农地制度改革探析[J]. 产经评论, 2005（1）：7-10.

曾杰, 李江风, 姚小薇. 武汉城市圈生态系统服务价值时空变化特征[J]. 应用生态学报, 2014, 25（3）：883-891.

陈柏峰. 土地发展权的理论基础与制度前景[J]. 法学研究, 2012（4）：99-114.

陈华彬. 物权法原理[M]. 北京：国家行政学院出版社, 1998.

陈建波. 三农问题与中国的经济发展[N]. 中国乡镇企业报, 2001-08-09.

陈锡文. 当前农村形势与新一轮农村改革发展[J]. 中国浦东干部学院学报, 2009（4）：5-13.

陈锡文. 当前我国的农业、农村和农民问题[C]//中国生产力发展国际论坛论文集. 2005：115-116.

陈锡文. 我国城镇化进程中的“三农”问题[J]. 国家行政学院学报, 2012（6）：4-11.

陈小君, 陆剑. 论我国农村集体经济有效实现中的法律权利实现[J]. 中州学刊, 2013（2）：52-55.

陈仪. 自然资源国家所有权的公权性质研究[D]. 苏州：苏州大学, 2015.

程宏伟, 黄薪萌, 赵平飞. 矿产资源开发对失地农民可持续生计影响分析——以普光气田开发为例[J]. 资源与产业, 2011, 13（3）：134-139.

程雪阳. 土地发展权与土地增值收益的分配[J]. 法学研究, 2014（5）：76-97.

崔建远. 准物权研究[M]. 北京：法律出版社, 2012.

杜润生. 杜润生自述：中国农村体制变革重大决策纪实[M]. 北京：人民出版社, 2005.

杜雯翠. 民族地区环境污染的特征分析[J]. 民族研究, 2018（3）：42-55+124.

国家发展和改革委员会宏观经济研究院“经济体制改革动态跟踪与改革建议”课题组, 李振京, 冯冰,等. 我国征地制度特点、问题及改革建议[J]. 宏观经济管理, 2010（9）：24-26.

范明明. 干旱区生态补偿政策的跨尺度影响研究[D]. 北京：北京大学, 2015.

方虹, 王红霞, 郭国荣. 自然资源配置的理论误区与产权制度重构[J]. 产权导刊, 2007（10）：27-29.

房绍坤. 民商法问题研究与适用[M]. 北京：北京大学出版社, 2003：70.

高春华. 基于森的理论框架的失地农民权益问题分析[J]. 内蒙古农业大学学报（社会科学版）, 2009, 11（1）：45-47.

高新才, 斯丽娟. 甘肃矿产资源开发生态补偿研究[J]. 城市发展研究, 2011（5）：6-8.

耿卓. 农民土地财产权保护的观念转变及其立法回应——以农村集体经济有效实现为视角[J]. 法学研究, 2014（5）：98-113.

顾玉林. 城市化进程中如何保障失地农民利益[J]. 西南科技大学学报（哲学社会科学版）, 2004, 21（3）：71-74.

郭明瑞. 在城乡土地一体化利用中须践行财产权和民主理念[J]. 山东大学学报（哲学社会科学版）, 2012（5）：10-12.

国土资源部征地制度改革研究课题组. 征地制度改革研究报告[J]. 国土资源通讯, 2003（11）：48-53.

韩念勇. 草原的逻辑[M]. 北京：北京科学技术出版社, 2011.

韩俊. 从“两权分离”到“三权分离”[J]. 经济研究参考, 1999,（75）：30-30.

汉斯·J·沃尔夫, 奥托·巴霍夫, 罗尔夫·施托贝尔. 行政法[M]. 北京：商务印书馆, 高家伟，译. 2002：474-476.

何爱平. 失地农民权益问题的新阐释：基于阿玛蒂亚·森交换权利理论的视角[J]. 人文杂志, 2007,（6）：100–106.

何太痴. 怎样补偿才算公正——与周诚先生商榷[J]. 中国土地, 2004,（z1）：30–31.

贺雪峰. 地权的逻辑Ⅱ：地权变革的真相与谬误[M]. 北京：东方出版社, 2013.

胡健, 吴文洁. 油气资源矿权与土地产权的冲突——以陕北油气资源开发为例的分析[J]. 资源科学, 2007, 29（3）：8–16.

胡振琪, 程琳琳, 宋蕾. 我国矿产资源开发生态补偿机制的构想[J]. 环境保护, 2006（19）：59–62.

华生. 城市化转型与土地陷阱[M]. 北京：东方出版社, 2014.

黄桂琴. 论自然资源权的物权属性[D]. 北京：中国政法大学, 2005.

黄坚. 博弈依赖、有效承诺与农民集体维权[J]. 调研世界, 2008,（7）：20–23.

黄萍. 自然资源使用权制度研究[D]. 上海：复旦大学, 2012.

黄少安. 土地资本化与私有化[C]//蔡继明, 邝梅. 论中国土地制度改革：中国土地制度改革国际研讨会论文集[M]. 北京：中国财政经济出版社, 2009

黄异. 海域在公物法上的基本地位.行政法争议问题研究（下）[M]. 台北：五南图书公司, 2000.

黄异. 物权化的渔业权制度[J]. 环境资源法论丛, 2004（1）：285–291.

江平. 民法学（第2版）[M]. 北京：中国政法大学出版社, 2011.

金海统. 自然资源使用权：一个反思性的检讨[J]. 法律科学：西北政法大学学报, 2009, 27（2）：110−117.

（日）近江幸治. 民法讲义二（物权法）[M]. 北京：北京大学出版社, 王莹，译. 2006.

（德）卡尔·拉伦茨. 德国民法通论[M]. 北京：法律出版社, 王晓晔, 邵建东, 程建英, 徐国建, 谢怀栻，译. 2013.

李爱年. 自然资源保护法体系存在的问题及建议[J]. 生态经济（中文版）, 2001（7）：30−33.

李怀印（美）. 乡村中国纪事：集体化和改革的微观历程[M]. 北京：法律出版社, 2010.

李开国. 民法基本问题研究[M]. 北京：法律出版社, 1997.

李炜, 吴永高, 吴峰晔. 我国矿业用地取得的几种方式[J]. 新远见, 2009（2）：82.

李屹. 我国自然资源产权制度改革路径的思考[J]. 知识经济, 2009（16）：29−30.

李元. 保护农民的土地财产权——在土地制度创新座谈会上的讲话[J]. 中国土地, 2001（3）：7−8.

梁慧星. 民法总论[M]. 北京：法律出版社, 1999.

梁慧星. 中国民事立法评说：民法典、物权法、侵权责任法[M]. 北京：法律出版社, 2010.

廖富洲. 我国土地征用存在的问题与改革思路[J]. 学习论坛, 2004, 20（9）：66−68.

林翊. 中国经济发展进程中农民土地权益问题研究[D]. 福州：福建师范大学, 2009.

林毅夫. 发展战略与经济改革——北京大学中国经济研究中心研究系列[M]. 北京：北京大学出版社, 2004.

（日）铃木禄弥, 物权的变动与对抗[M]. 北京：社会科学文献出版社, 渠涛，译. 1999.

刘灿. 我国自然资源产权制度构建研究[M]. 成都：西南财经大学出版社, 2009.

刘守英. 土地制度与农民权利[J]. 中国土地科学, 2000, 14（3）：1–9.

刘守英. 应建立与现代社会发展相适应的土地财产税制度[J]. 农村工作通讯, 2013（23）：28–28.

刘义强. 选举背后的村庄生活逻辑[J]. 中国农村观察, 2004（2）：61–67.

柳经纬. 我国民事立法的回顾与展望[M]. 北京：人民法院出版社, 2004.

马俊驹. 国家所有权的基本理论和立法结构探讨[J]. 中国法学, 2011,（4）：89–102.

马良灿. 农村社区内生性组织及其“内卷化”问题探究[J]. 中国农村观察, 2012（6）：12–21.

马思克. 资本论（第一卷）[M]. 北京：人民出版社, 2004.

马永欢, 刘清春. 对我国自然资源产权制度建设的战略思考[J]. 中国科学院院刊, 2015, 30（4）：503–508.

美国农村发展研究所（RDI）. 征地制度改革与农牧民土地权利[M]. 北京：中国经济出版社, 2004.

（日）美浓部达吉, 公法与私法[M]. 北京：中国政法大学出版社, 黄冯明，译. 2003.

孟勤国. 物权二元结构论——中国物权制度的理论重构[M]. 北京：人民法院出版社, 2004.

内蒙古自治区国土资源厅. 内蒙古自治区地质环境公报（2016年度）[Z]. 2017, 4.

内蒙古自治区农牧业厅. 内蒙古自治区人民政府办公厅关于公布实施自治区征地统一年产值标准和征地区片综合地价的通知[E]. 2011.

内蒙古自治区生态环境厅. 2019年内蒙古自治区生态环境状况公报[Z]. 2020, 5.

彭万林. 民法学[M]. 北京：中国政法大学出版社, 1997.

齐晓娟. 矿产资源可持续发展财政支出绩效评价研究[D]. 北京：财政部财政科学研究所, 2014.

钱忠好, 牟燕. 征地制度、土地财政与中国土地市场化改革[J]. 农业经济问题, 2015（8）：8–12.

钱忠好. 土地征用：均衡与非均衡——对现行中国土地征用制度的经济分析[J]. 管理世界, 2004（12）：50–59.

乔世明, 张砚哲, 宁金强. 少数民族地区生态环境保护法治研究[M]. 北京：法律出版社, 2017：238.

乔小雨. 中国征地制度变迁研究[D]. 中国矿业大学, 2010.

屈茂辉. 关于物权客体的两个基础性问题[J]. 时代法学, 2005, 3（2）：17–23.

冉昊. 法经济学中的“财产权”怎么了—— 一个民法学人的困惑[J]. 华东政法大学学报, 2015, 18（2）：61–73.

山仑, 邓西平, 康绍忠. 我国半干旱地区农业用水现状及发展方向[J]. 水利学报, 2002（9）：27–31.

邵宁. 国企改革指导意见解读[J]. 企业管理, 2016（1）：6–10.

宋蕾. 矿产资源开发的生态补偿研究[M]. 北京：中国经济出版社, 2012：59.

唐浩. 农村土地集体所有制不需要存在吗——兼论村庄集体的地位和功能[J]. 当代经济研究, 2012（6）：70–75.

田文淀. 农村土地征收补偿原则浅论[J]. 兰州学刊, 2007, （8）：104–106.

佟柔. 民法原理[M]. 北京：法律出版社, 1991.

万朝林. 失地农民权益流失与保障[J]. 经济体制改革, 2003, （6）：73–76.

王步峰. 我国集体土地所有权的法律分析[D]. 北京：中国政法大学, 2005.

王大伟. 城乡关系视角下的农村土地制度变迁绩效[M]. 北京：商务印书馆, 2012.

王尔德. 自然资源资产应按公益类和经营类分类管理——专访全国人大环资委法案室副主任王凤春[J]. 中国环境管理, 2016, 8（1）：20–22.

王广成, 闫旭骞. 矿区生态系统健康评价理论及其实证研究[M]. 北京：经济科学出版社, 2006.

王景双. 矿业权与集体土地权利冲突的防范与救济[D]. 呼和浩特：内蒙古大学, 2010.

王利民. 物权本论[M]. 北京：法律出版社, 2005：22

王晓毅. 从承包到“再集中”——中国北方草原环境保护政策分析[J]. 中国农村观察, 2009,（3）：36–46.

王小映. 全面保护农民的土地财产权益. 中国农村经济, 2003,（10）：9–16.

王彦. 自然资源财产权的制度构建[D]. 成都：西南财经大学, 2016.

王莹. 关于失地农民利益保障问题的思考[J]. 江西财经大学学报, 2004,（5）：12–16.

王泽鉴. 民法物权（第二版）[M]. 北京：北京大学出版社, 2010.

魏振瀛. 民法学[M]. 北京：北京大学出版社、高等教育出版社, 2000：257–258.

温铁军. 土地制度变革须审慎[J]. 财经界, 2014,（25）：53–55.

吴平, 谷树忠. 应从四方面建立健全自然资源产权法律制度[N]. 中国经济时报, 2015–11–2.

肖国兴, 肖乾刚. 自然资源法[M]. 北京：法律出版社, 1999：86.

肖国兴. 论中国自然资源产权制度的历史变迁[J]. 郑州大学学报（哲学社会科学版）, 1997,（6）：19–25.

肖国兴. 中国自然资源产权制度创新的法律抉择[J]. 环境保护, 2002,（4）：7–9.

谢地. 论我国自然资源产权制度改革[J]. 河南社会科学, 2006, 14（5）：1–7.

杨成林, 何自力. 土地职能和土地产权制度选择——中国土地产权私有化有效性质疑[J]. 经济理论与经济管理, 2011, V（10）, 22–30.

杨海坤. 城乡一体化过程中农民土地权益维护的法律设计[J]. 山东大学学报（哲学社会科学版），2012（5）：12-14.

（澳）杨小凯. 当代经济学与中国经济[M]. 北京：中国社会科学出版社, 1997.

姚昭杰. 农村土地征收补偿原则研究[J]. 特区经济, 2010,（11）：184-186.

叶榅平. 自然资源物权化与自然资源管理制度改革导论[J]. 管理世界, 2012,（9）：178-179.

尹田. 物权主体论纲[J]. 现代法学, 2006, 28（02）：3-11.

余能斌. 民法学[M]. 北京：中国人民公安大学出版社、人民法院出版社, 2003：351-352

张车伟, 王智勇. 全球金融危机对农民工就业的冲击——影响分析及对策思考[J]. 中国人口科学, 2009,（2）：16-25.

张峰, 叶榅平. 自然资源物权化的困境与出路[J]. 上海财经大学学报, 2012,（2）：35-42.

张光杰. 中国法律概论[M]. 上海：复旦大学出版社, 2005.

张金良, 包根晓, 吴文俊, 等. 阿拉善左旗草原畜牧业发展形势出现的问题及对策[J]. 内蒙古林业调查设计, 2013,（5）：120-123.

张璐. 论自然资源的国有资产属性及其立法规范[J]. 南京大学法律评论, 2009,（1）：256-267.

张路雄. 耕者有其田：中国耕地制度的现实与逻辑[M]. 北京：中国政法大学出版社, 2012.

张倩.社区草原管理的困境：社会生态系统管理的尺度匹配[J].

东南大学学报（哲学社会科学版），2015,17（6）：59–65,147.
张伟. 集体土地所有权法律制度研究[J]. 中国国土资源经济，2003, 16（4）：20–23.
（美）张五常. 佃农理论：应用于亚洲的农业和台湾的土地改革[M]. 北京：商务印书馆，2000.
张映红. 公共关系管理[M]. 北京：首都经济贸易大学出版社，2002.
郑玉波. 民法物权[M]. 台北：三民书局，1992.
中国百科大辞典编委会，袁世全，冯涛主编. 中国百科大辞典[M]. 北京：华厦出版社，1990
中国大百科全书总编辑委员会. 中国大百科全书·法学[M]. 北京：中国大百科全书出版社，1984.
中国科学院地理科学与资源研究所. 嗌水之煤——煤电基地开发与水资源研究[M]. 北京：中国环境科学出版社，2012.
中国人民大学法律系民法教研室. 外国民法论文选[M]. 北京：中国人民大学出版社，1984.
中华人民共和国自然资源部. 中国矿产资源报告（2019）[M]. 北京：中国地质出版社，2019.
周诚. 解读“完善征地补偿办法”[J]. 中国土地，2004,（12）：16.
周林彬. 物权法新论[M]. 北京：北京大学出版社，2002.
周其仁. 产权与制度变迁（中国改革的经验研究增订本）//北京大学中国经济研究中心研究系列[M]. 北京：北京大学出版社，2004.
周银燕. 我国农村土地征收法律制度研究[J]. 广东省社会主义学

院学报, 2010（2）：75–79.

朱冰. 自然资源物权立法的逻辑基础——资源与物的比较分析[J]. 资源科学, 2012, 34（10）：1997–2006.

朱道林, 沈飞. 土地征用的公共利益原则与制度需求的矛盾[J]. 国土资源, 2002,（11）：38–40.

朱启超，许凤德. 民法概论[M]. 北京：北京大学出版社, 2002：199.

左正强. 我国自然资源产权制度变迁和改革绩效评价[J]. 生态经济（中文版）, 2008（11）：78–82.

Aboriginal Project Committee. Kakadu Region Social Impact Study[R]. Report of the Aboriginal Project Committee, Surpervising Scientist, Canberra. 1997.

Acemoglu, D., Johnson, S. Unbundling Institutions[J]. Journal of Political Economy, 2005, 113（5）：949–995.

Alaska Minerals Commission. Report of the 2013 Alaska Minerals Commission[R], The Alaska Department of Commerce, Community & Economic Development, USA. 2013.

Alchian, A.A., Calabresi, G., Coase, H., et al. Limited Knowledge & Economic Analysis[J]. American Economic Review, 2009, 64（1）：1–10.

Alchian, A.A., Demsetz, H. The Property Right Paradigm[J]. Journal of Economic History, 1973, 33（1）：16–27.

Alston, L.J., Datta, S.K., Nugent, J.B. Tenancy Choice in a Competitive Framework with Transactions Costs.[J]. Journal of

Political Economy, 2000, 92（6）：1121–1133.

Alston, L.J., Libecap, G.D., Schneider, R. The Determinants & Impact of Property Rights：Land Titles on the Brazilian Frontier[J]. Journal of Law Economics & Organization, 1996, 12（1）：25–61.

Altman, J.C. Benefit Sharing is No Solution to Development：Experiences from Mining on Aboriginal Land in Australia[M]// Indigenous Peoples, Consent & Benefit Sharing. Springer Netherlands, 2009：285–302.

Altman, J.C., Smith, D.E. The Economic Impact of Mining Moneys：the Nabarlek case, Western Arnhem Land[M]. Australian National University, Centre for Aboriginal Economic Policy Research, 1994.

Amin, A. An Institutionalist Perspective on Regional Economic Development[J]. International Journal of Urban & Regional Research, 1999, 23（2）：365–378.

Archibald, R., & Ritter, M. Canada：from fly–in, fly–out to mining metropolis. In Mahahon, G., & Remy, F.（Eds.）, Large mines & the community. Socioeconomic & environmental effects in Latin America[M], Canada & Spain, World Bank, Washington DC, 2001.

Arnold, J.E.M. Managing forests as common property[J]. FAO Forestry Paper 136, Rome, 1998.

Aroca, P. Impacts & development in local economies based on mining：the case of the Chilean II region[J]. Resources Policy, 2001, 27（2）：119–134.

Bai, Y., Wang, R., Jin, J. Water eco–service assessment & compensation in a coal mining region: case study in the Mentougou District in Beijing[J]. Ecological Complexity, 2011, 8（2）: 144–152.

Banks, G. Globalization, poverty, and hyperdevelopment in Papua New Guinea's mining sector[J]. Focaal, 2005,（46）: 128–144.

Banks, G., Kuirayius, D., Kombako, D., et al. Conceptualizing mining impacts, livelihoods and corporate community development in Melanesi[J]. Community Development Journal, 2013, 48（3）: 484–500.

Barrese, J.T. Efficiency & Equity Considerations in the Operation of Transfer of Development Rights Plans[J]. Land Economics, 1983, 59（2）: 235–241.

Barzel, Y. Economic analysis of property rights[J]. Cambridge Books, 1997, 102（410）: 169.

Bathelt, H., Gl ü ckler, J. Resources in economic geography: from substantive concepts towards a relational perspective[J]. Environment & Planning A, 2005, 37（9）.

Becker, L.C. Property Rights: Philosophic Foundations[M]. London: Routledge & Kegan Paul, 1977.

Bentley, K. Lihir Social Demographic Health Survey[R]. Centre for Environmental Health, Canberra, Australia. 2011.

Berkes, F., Folke, C., Colding, J. Linking social & ecological systems: management practices and social mechanisms for building resilience[M]//Linking social and ecological systems. Cambridge: Cambridge University Press, 1998: 387–389.

Besley, T. Nonmarket Institutions for Credit & Risk Sharing in Low–Income Countries[J]. Journal of Economic Perspectives, 1995, 9（3）：115–127.

BHP Billiton. Case Study：Fostering Local Supplier Development[R]. Case study report prepared for the 2012 Sustainability Report. 2012.

Blackstones, W. Blackstone's Commentaries：Abridged[M]. Whitefish：Kessinger Publishing, 2010：37.

Bocoum, B., Sarkar, S., Gow–Smith, A., Morakinyo, T., Frau, R., Kuniholm, M., Otto, J.M. Mining community development agreements–practical experiences & field studies. Vol. 3 of Mining Community Development Agreements：Source Book[M], World Bank, Washington DC, 2012.

Brereton, D., Parmenter, J. Indigenous Employment in the Australian Mining Industry[J]. Journal of Energy & Natural Resources Law, 2008, 26（1）：66–90.

Bridge, G. Mapping the Bonanza：Geographies of Mining Investment in an Era of Neoliberal Reform[J]. Professional Geographer, 2004, 56（3）：406–421.

British Columbia Ministry of Energy & Mines. British Columbia Geo logical Survey Paper [R]. 2012.

Bromley, D.W. Property relations & economic development：the other land reform.[J]. World Development, 1989, 17（6）：867–877.

Browne, M.W., Robertson, K. Benefit Sharing Agreements in British

Columbia: A Guide for First Nations, Businesses & Governments[R]. Woodward & Company for the Ecosystem-Based Management Working Group, Victoria. 2009.

Buchanan J M. An Economic Theory of Clubs[J]. Economica, 1965, 32（125）: 1-14.

Capozza, D.R., Helsley, R.W. The stochastic city[J]. Journal of Urban Economics, 1990, 28（2）: 187-203.

Centre for Science & Environment. Sharing the Wealth of Minerals[R]. A Report on Profit Sharing with Local Communities, New Delhi, India. 2011.

Cernea, M.M. Compensation & benefit sharing: Why resettlement policies & practices must be reformed[J]. Water Science & Engineering, 2008, 1（1）: 89-120.

Clark, K. E. Understanding the New BC Resource Revenue Sharing Policy with First Nations[R]. McMillan LLP, Vancouver. 2009.

Coase, R.H. Nature of the Firm[J]. Economica, 1937, 4: 386-405.

Coase, R.H. The Problem of Social Cost[J]. Journal of Law & Economics, 1960, 3（4）: 1-44.

Common, M., Stagl, S. Ecological Economics: Environmental Policy Instruments[M]. Edward Elgar Publishing Limited, 2005.

Corbin, A.L. Taxation of Seats on the Stock Exchange[J]. Yale Law Journal, 1922, 31（4）: 429-431.

Costello, C.A., Grainger, C.J. Property rights, regulatory capture, & exploitation of natural resources[J]. Nber Working Papers, 2015.

Costello, C.J., Kaffine, D. Natural resource use with limited-tenure property rights[J]. Journal of Environmental Economics & Management, 2008, 55（1）: 20–36.

Cullingworth, J.B., Caves, R.W. Planning in the USA: policies, issues, and processes[J]. Routledge, 2013, 58（1）: 42–46.

Cumming, G.S., Cumming, D., Redman, C.L. Scale Mismatches in Social–Ecological Systems: Causes, Consequences, and Solutions[J]. Ecology & Society, 2006, 11（1）.

Dai, S., Ren, D., Tang, Y., et al. Concentration and distribution of elements in Late Permian coals from western Guizhou Province, China[J]. International Journal of Coal Geology, 2005, 61（1）: 119–137.

Daly, H.E. Beyond Growth: The Economics of Sustable Development. Boston: Beacon Press, 1996.

Daly, H.E., Farley, J., et al. Ecological economics: principles & applications.[M]//Ecological economics: principles and applications. Washington, D.C.: Island Press, 2011.

David, A.N. Spatial Economic Models of band Use Change & Conservation Targeting Strategies[D]. Berkeley: University of California, 2002.

Deacon, R.T. Assessing the Relationship between Government Policy & Deforestation[J]. Journal of Environmental Economics & Management, 1995, 28（1）: 1–18.

Deacon, R.T. Deforestation & Ownership: Evidence from Historical

Accounts & Contemporary Data[J]. Land Economics, 1999, 75（3）: 341–359.

Devereux, S. Fuzzy entitlements & common property resources: struggles over rights to communal land in Namibia[J]. IDS Bulletin, 1996.

Dicks, A.R. Compartmentalized Law & Judicial Restraint: An Inductive View of Some Jurisdictional Barriers to Reform[J]. China Quarterly, 1995, 141（141）: 82–109.

Dong, S., Burritt, R., Qian, W. Salient stakeholders in corporate social responsibility reporting by Chinese mining & minerals companies[J]. Journal of Cleaner Production, 2014, 84（1）: 59–69.

Drèze J, Sen A K, Hussain, A. The Political economy of hunger: selected essays[M]. Oxford: Oxford University Press, 1995.

Dr è ze, J., Sen A. Hunger & public action[M]. Oxford: Clarendon, 1989.

Drozd, D.J., Johnson, B.B. Dynamics of a rural land market experiencing farmland conversion to acreages: the case of saunders county, Nebraska[J]. Land Economics, 2004, 80（2）: 294–311.

Drysdale, J. Five Principles for the Management of Natural Resource Revenue: the Case of Timor–Leste's Petroleum Revenue[J]. Journal of Energy & Natural Resources Law, 2008, 26（1）: 151–174.

Durkheim, E. The division of labor in society[J]. Invest Ophthalmol Vis Sci, 1964.

Eggert, R.G. Mining and Economic Sustainability: National Economies & Local Communities[R]. MMSD Report No. 19, World Business Council for Sustainable Development, 2001.

Eggertsson, T. Economic Behavior & Institutions[M]. Cambridge University Press, 1990.

Ehrlich, P.R., Ehrlich, A.H. The Population Explosion: Why We Should Care and What We Should Do about It[J]. Environmental Law, 1997, 27.

Ellis, F. Peasant Economics[M]. Cambridge: Cambridge University Press, 1993.

Engel, S., Pagiola, S., Wunder, S. Designing payments for environmental services in theory and practice: An overview of the issues[J]. Ecological Economics, 2008, 65（4）: 663–674.

Fan, M.M., Li, Y.B., Li, W.J. Solving one problem by creating a bigger one: The consequences of ecological resettlement for grassland restoration & poverty alleviation in Northwestern China[J]. Land Use Policy, 2015, 42: 124–130.

Farrington, J. Sustainable livelihoods, rights and the new architecture of aid[J]. Overseas Development Institute, 2009.

Fischer, C. International experience with benefit–sharing instruments for extractive resources[J]. World Bank Resources for the Future, 2007.

Foale, S., Manele, B. Social and political barriers to the use of Marine Protected Areas for conservation & fishery management in

Melanesia[J]. Asia Pacific Viewpoint, 2004, 45（3）：373-386.

Folke, C. Resilience：The emergence of a perspective for social-ecological systems analyses[J]. Global Environmental Change, 2006, 16（3）：253-267.

Furubotn, E.G., Pejovich, S. Property Rights & Economic Theory：A Survey of Recent Literature[J]. Journal of Economic Literature, 1972, 10（4）：1137-1162.

Furubotn, E.G., Pejovich, S. The economics of property rights. Edward Elgar, 2001.

Gasper, D. Entitlements Analysis：Relating Concepts & Contexts[J]. Development & Change, 2010, 24（4）：679-718.

Giammarino, R., Nosal, E. Loggers versus Campers：Compensation for the Taking of Property Rights[J]. The Journal of Law, Economics, & Organization, 2005 , 21 （1）：136-152

Giddens, B.A. The consequences of modernity[M]. Redwood City：Stanford University Press, 1990.

Golub, A. Makingthe Ipili Feasible：Imagining Local & Global Actors at the Porgera Gold Mine, Enga Province, Papua New Guinea[D]. Chicago：University of Chicago. 2006.

G ó mez-Baggethun, E., Groot, R.D., Lomas, P.L., et al. The history of ecosystem services in economic theory & practice：from early notions to markets & payment schemes.[J]. Ecological Economics, 2010, 69（6）：1209-1218.

Gore, C. Entitlement relations & ‘unruly’ social practices：A comment on the work of Amartya Sen[J]. Journal of Development Studies, 1993, 29（3）：429–460.

Government of the Northwest Territories. Communities & Diamonds：Behchoko, Detah, Gameto, Lutselke, Ndilo, Wekweeti, Whati & Yellowknife[R]. 2012 Annual Report of the Northwest Territories Under the BHP Billition, Diavik and De Beers Socio-Economic Agreements, Yellowknife, Canada. 2013.

Grainger, C.A., Costello, C.J. Capitalizing property rights insecurity in natural resource assets[J]. Journal of Environmental Economics & Management, 2014, 67（2）：224–240.

Grainger, C.A., Costello, C.J. Distributional Effects of the Transition to Property Rights for a Common-Pool Resource[J]. Marine Resource Economics, 2015, 31（1）：1–32.

Granovetter, M., Swedberg, R. The Sociology of Economic Life[M]. Boulder：Colorado Westview Press, 1992.

Greenough, K. Mobility, Market Exchange and Livelihood Transition：Fulbe Flexibility in Tanout, Niger[J]. Nomadic Peoples, 2012, 16（2）：27–52.

Hardin, G. Tragedy of the commons[J]. Economic Theory, 1968, 3（3）：413–426.

Hayek, F. The Market Order or Catallaxy in Law, Legislation & Liberty[M]. London：Routledge & Kegan Paul, 1976：107–113.

Hernes, H.K., Sandersen, H. Institutional Design of Fisheries Co-management：The Problem of Democracy and Representation[J]. 1998.

Hilson, G. Sustainable development policies in Canada's mining sector: an overview of government & industry efforts[J]. Environmental Science & Policy, 2000, 3（4）: 201–211.

Ho, P. Institutions in Transition: Land Ownership, Property Rights & Social Conflict in China[J]. Asian–Pacific Economic Literature, 2006, 20（2）: 84–85.

Ho, P. The clash over state and collective property: the making of the rangeland law. China Q, 2000, 161, 240–263.

Hodge, I. Environmental Economics[M]. London: Macmillan, 1996.

Hodgson, G.M. The hidden persuaders: institutions and individuals in economic theory[J]. Cambridge Journal of Economics, 2003, 27（2）: 159–175.

Holfeld, W.N. Fundamental legal conceptions: as applied in judicial reasoning and other legal essays[M]. New Haven, Oxford: Yale University Press, Oxford University Press, 1923.

Holfeld, W.N. Fundamental Legal Conceptions as Applied in Judicial Reasoning & Other Legal Essays[M]. New Haven: Yale University Press, 1923.

Holt–Gimenez, E. Territorial restructuring and the grounding of agrarian reform: Indigenous communities, gold mining & the World Bank. In A. Bebbington（Ed.）, Mineria movimientos sociales y respuestas campesinas. Una ecologia politica de transformaciones territoriales[M]. Lima: Instituto de Estudios Peruanos, 2007.

Hughes, H. Aid Has Failed the Pacific[J]. Pacific Economic Bulletin,

2003, 33（3）: 232–234.

Hughes, H. Can Papua New Guinea Come Back From the Brink?[J]. Journal of the Centre for Independent Studies, 2004, （49）: 1–12.

Humphreys, D. From economic to sustainable development: Establishing a new framework for mineral extraction[J]. Minerals & Energy – Raw Materials Report, 2002, 17（4）: 3–9.

Humphreys, M., Sachs, J. D., & Stiglitz, J. E.（Eds.）. Escaping the Resource Curse[M], Columbia University Press, New York, 2009.

International Council on Mining & Metals （ICMM）. Chile. The Challenges of Mineral Wealth: Using Resource Endowments to Foster Sustainable Development, ICMM Country Case Study, London. 2007.

International Institute for Environment & Development （IIED）. Breaking New Ground: Mining, Minerals & Sustainable Development[R]. Final Report of the MMSD Project, Earthscan, London. 2002a.

Jack, B. K., Kousky, C., & Sims, K. R. Designing payments for ecosystem services: lessons from previous experience with incentive-based mechanisms[J]. Proceedings of the National Academy of Sciences of the United States of America, 2008, 105（28）, 9465–9470.

Jentoft, S., Mikalsen, K.H., Hernes, H.K. Representation in Fisheries Co–Management[J]. 2003.

Jentoft, S., McCay, B.J., Wilson, D.C. Social theory & fisheries co–

management[J]. Marine Policy, 1998, 22（4–5）: 423–436.

Johnson, P. Lode Shedding: A Case Study of the Economic Benefits to the Landowners, the Provincial Government, and the State from the Porgera Gold Mine, Background & Financial Flows from the Mine[R]. NRI Discussion Paper 124, National Research Institute, Port Moresby, Papua New Guinea. 2012.

Kamara, A.B., Swallow, B., Michael, Kirk. Policies, Interventions & Institutional Change in Pastoral Resource Management in Borana, Southern Ethiopia[J]. Development Policy Review, 2004, 22（4）: 381–403.

Kepe, T. Land claims and comanagement of protected areas in South Africa: exploring the challenges[J]. Environmental Management, 2008, 41（3）: 311–321.

Kepe, T. VCommunities entitlements and nature reserves: The case of the wild coast ,South Africa[J]. IDS Bulletin, 1997, 28（4）: 47–58.

King, N. Complexity and creative capacity: rethinking knowledge transfer, adaptive management and wicked environmental problems[J]. Impact Assessment & Project Appraisal, 2017（3）.

Kinzig, A.P., Perrings, C., Polasky, S., et al. Sustainability. Paying for ecosystem services--promise and peril[J]. Science, 2011, 334（6056）: 603–604.

Kitula, A.G.N. The Environmental and Socio–Economic Impacts of Mining on Local Livelihoods in Tanzania[J]. Journal of Cleaner

Production, 2006, 14（3）：405–414.

Klein, B., Alchian, A.A. Vertical intergration, appropriable rents, & the competitive contracting process[C]// Journal of Law & Economics. 2000：297–326.

Knotsch, C., Warda, J. Impact Benefit Agreements：A Tool For Healthy inuit communities?, Full Report[J]. 2009.

Kosoy, N., Martinez–Tuna, M., Muradian, R., et al. Payments for environmental services in watersheds：insights from a comparative study of three cases in Central America[J]. Ecological Economics, 2007, 61（3）：446–455.

Kosoy, N., Corbera, E., Pascual, U., et al. Payments for ecosystem services as commodity fetishism.[J]. Ecological Economics, 2010, 69（6）：1228–1236.

Krätli, S., Kaufmann, B., Roba, H., et al. A House Full of Trap Doors. Identifying barriers to resilient drylands in the toolbox of pastoral development[C]// EGU General Assembly Conference. EGU General Assembly Conference Abstracts, 2016.

Krippner, G.R. The elusive market：Embeddedness & the paradigm of economic sociology[J]. Theory & Society, 2002, 30（6）：775–810.

Kung, K.S., Liu, S. Farmers' Preferences Regarding Ownership and Land Tenure in Post–Mao China：Unexpected Evidence from Eight Counties[J]. China Journal, 1997, 38（38）：33–63.

Lagos, G., Blanco, E. Mining and development in the region of

Antofagasta[J]. Resources Policy, 2010, 35（4）: 265–275.

Laitos, J.G. Natural resources law[J]. Hornbook, 2006, 8（5）: 738–747.

Lane, J.E. New Public Management[J]. Encyclopedia of Creativity Invention Innovation & Entrepreneurship, 1998, 25（2）: 234–240.

Larbi, W.O., Antwi, A., Olomolaiye, P. Compulsory land acquisition in Ghana–policy and praxis[J]. Land Use Policy, 2004, 21（2）: 115–127.

Larson, D.A., Wilford, W.T. The physical quality of life index: A useful social indicator?[J]. World Development, 2006, 7（6）: 581–584.

Laurie, M. An Overview: Sharing Benefits From Natural Resources with Local Stakeholders in British Columbia[R]. Columbia River Treaty & Columbia Basin Trust, Canada. 2013.

Leach, M., Mearns, R. Poverty and Environment in Developing Countries: An Overview Study[C]. Report to ESRC, Global Environmental Change Program and Overseas Development Administration, ESRC, Sweden, 1991.

Leach, M., Mearns, R., Scoones, I. Environmental Entitlements: Dynamics and Institutions in Community–Based Natural Resource Management[J]. World Development, 1999, 27（2）: 225–247.

Lei, Y.L., Cui, N., Pan, D.Y. Economic and social effects analysis of mineral development in China & policy implications[J]. Resources Policy, 2013, 38（4）: 448–457.

Lewis, M., Brocklehurst, S., McNair, D. (Eds.) . Aboriginal Mining Guide: How to Negotiate Lasting Benefits for Your Community[R]. Canadian Centre for Community Renewal, Port Albemi. 2009.

Li, C., Fu, B,, Wang, S, et al. Drivers and impacts of changes in China's drylands[J]. Nature Reviews Earth & Environment, 2021, 2.

Li, P. Rural land tenure reforms in China: Issues, regulations & prospects for additional reform[J]. 2003, available on. http: //www.fao.org/docrep/006/y5026e/y5026e06.htm.

Li, W.J., Li, Y.B. Managing Rangeland as a Complex System: How Government Interventions Decouple Social Systems from Ecological Systems[J]. Ecology & Society, 2012, 17 (1) : 1–9.

Li, Q., Zhang, W., Dai, W. Current Status, Challenges and Policy Recommendations Regarding the Sustainable Development of Mining Areas in China[J]. Journal of Resources & Ecology, 2014, 5 (1) : 42–52.

Li, W.J., Ali, S.H., Zhang, Q. Property rights and grassland degradation: a study of the Xilingol pasture, Inner Mongolia, China[J]. Journal of Environmental Management, 2007, 85 (2) : 461.

Libecap, G.D. Distributional Issues in Contracting for Property Rights[J]. Journal of Institutional & Theoretical Economics, 1989, 145 (1) : 6–24.

Libecap, G.D. State Regulation of Open–Access, Common–Pool Resources[J]. Icer Working Papers, 2003: 545–572.

Liu, Y.B., Zhuang, X.W. Economic evaluation and compensation mechanism of coal resource-based cities in China[J]. Energy Procedia, 2011, 5: 2142-2146.

Lund, D. Rent Taxation for Nonrenewable Resources[J]. Annual Review of Resource Economics, 2009, 1（1）: 287-307.

Macintyre, M.A., Foale, S.J. Land and Marine Tenure, Ownership, and New Forms of Entitlement on Lihir: Changing Notions of Property in the Context of a Goldmining Project[J]. Human Organization, 2007, 66（1）: 49-59.

Mackie, J.L., Tully, J. A Discourse on Property: John Locke & his Adversaries[J]. Philosophy in Review, 1983, 21（2）: 240-242.

Macpherson, C.B. Property: Mainstream & Critical Positions[M]. Toronto Buffalo: University of Toronto Press, 1978.

Mahoney, J.T., Pandian, J.R. The Resource-Based View Within the Conversation of Strategic Management[J]. Strategic Management Journal, 1992, 13（5）: 363-380.

Markandya, A., Perelet, R., Mason, P., Taylor, T. Dictionary of environmental economics. Abingdon: Earthscan Publications Ltd, 2001.

Maskell, P. The Firm in Economic Geography[J]. Economic Geography, 2001, 77（4）: 329-344.

McCay, B.J. Oyster wars & the public trust[J]. Underwater Naturalist, 1998.

Mcphail, K. The Challenge of Mineral Wealth: Using Resource Endowments to Foster Sustainable Development[M]//Mining,

Society, and a Sustainable World. Springer Berlin Heidelberg, 2009: 61–74.

Mearns, R. Community, collective action and common grazing: the case of post–socialist Mongolia[J]. Journal of Development Studies, 1996, 32（3）: 297–339.

Mearns, R. Environmental entitlement: towards empowerment for sustainable development. In Singh N. & Titi V.（Eds）, Empowerment: towards sustainable development[M]. London: Zed books, 1995.

Miles, L., Kapos, V. Reducing greenhouse gas emissions from deforestation and forest degradation: global land–use implications.[J]. Science, 2008, 320（5882）: 1454–1455.

Mills, David, E. Is Zoning a Negative–Sum Game?[J]. Land Economics, 1989, 65（1）: 1–12.

Miteva, D.A., Pattanayak, S.K., Ferraro, P.J. Evaluation of biodiversity policy instruments: what works and what doesn' t[J]. Oxford Review of Economic Policy, 2012, 28（1）: 69–92.

Muradian, R., Rival, L. Between markets and hierarchies: The challenge of governing ecosystem services [J]. Ecosystem Services, 2012, 1（1）: 93–100.

Nicholls, S., Crompton, J.L. The impact of a golf course on residential property values[J]. Journal of Sport Management, 2007, 21（4）: 555–570.

Nickerson, C.J., Lynch, L. The effect of farmland preservation programs on farmland prices[J]. American Journal of Agricultural Economics, 2001, 83（2）：341–51.

North, D.C. Institutions and Credible Commitment[J]. Social Science Electronic Publishing, 1993, 149（1）：11–23.

North, D.C., Thomas, R.P. The Rise and Fall of the Manorial System：A Theoretical Model[J]. Journal of Economic History, 1971, 31（4）：777–803.

North, D.C., Wallis, J.J., Weingast, B.R. Violence and social orders： a conceptual framework for interpreting recorded human history[M]. Cambridge University Press, 2009.

Nosal, E. The taking of land：market value compensation should be paid[J]. Journal of Public Economics, 2001, 82（3）：431–443.

Ntshona, Z., Kraai, M., Kepe, T., et al. From land rights to environmental entitlements：community discontent in the 'successful' Dwesa–Cwebe land claim in South Africa.[J]. Development Southern Africa, 2010, 27（3）：353–361.

O'Faircheallaigh, C. Community development agreements in the mining industry：an emerging global phenomenon[J]. Community Development, 2013, 44（2）：222–238.

Osmani, S. The entitlement approach to famine：an assessment, in：K. Basu, P. Pattanaik & K. Suzumura （Eds） Choice, Welfare & Development[M]. Oxford：Oxford University Press, 1995.

Ostrom, E. Governing the Commons[M]. Cambridge University Press, 1990.

Ostrom, E., Burger, J., Field, C.B., et al. Revisiting the commons: local lessons, global challenges.[J]. Science, 1999, 284（5412）: 278–82.

Ostrom, E., Cox, M. Moving beyond panaceas: a multi–tiered diagnostic approach for social–ecological analysis[J]. Environmental Conservation, 2010, 37（4）: 451–463.

Ostrom, E., Gardner, R., Walker, J. Rules, Games, & Common–Pool Resources[J]. Economic Journal, 1994, 89（1）.

Pagiola, S. Payments for environmental services in Costa Rica[J]. Mpra Paper, 2006, 65（4）: 712–724.

Pagiola, S., Bishop, J., Landellmills, N. Selling forest environmental services[J]. 2002.

Parkhurst G M, Shogren J F. Spatial incentives to coordinate contiguous habitat[J]. Ecological Economics, 2007, 64（2）: 344–355.

Parsons, G. F., Barsi, R. Uranium mining in Northern Saskatchewan: a public–private transition, In Mc Mahon, G., & Rémy, F.（Eds.）, Large mines and the community. Socioeconomic and Environmental Effects in Latin America, Canada and Spain[M]. World Bank, Washington, DC, 2001.

Pattanayak, S.K, Wunder, S., Ferraro, P.J. Show Me the Money: Do Payments Supply Environmental Services in Developing Countries[J]. Review of Environmental Economics & Policy, 2010, 4（2）: 254–274.

Pegg, S. Mining & poverty reduction: Transforming rhetoric into reality[J]. Journal of Cleaner Production, 2006, 14（3）: 376–387.

Penrose, E. The theory of the growth of the firm. In Foss, N. J.（ed.）: Resources, Firms & Strategies: A Reader in the Resource-based Perspective[M]. Oxford: Oxford University Press, 27–39.

Peter, F.C., Gene, D. Who was first? An Examination of an Early Hedonic Study[J]. Land Economics, 1999, 75（4）: 620–626.

Pham, T.T, Brockhaus, et al. Approaches to Benefit Sharing: A Preliminary Comparative Analysis of 13 REDD+ Countries[J]. Center for International Forestry Research Bogor Indonesia, 2013.

Plantinga, A.J., Miller, D.J. Agricultural land values and the value of rights to future land development[J]. Land Economics, 2001, 77（1）: 56–67.

Plantinga, A.J., Lubowski, R.N., Stavins, R.N. The effects of potential land development on agricultural l& prices[J]. Working Paper, 2002, 52（3）: 561–581.

Prosterman, R. Presentation on Rural Land Takings in China（and the Broader Context of Farmers' Tenure Security）Made before the Congressional – Executive Commission on China[R]. 2004–6–21. available on www.rdiland.org.

PwC. Economic Impact Analysis[R]. Mining Association of British Columbia. 2011.

Randall, A. Property Rights & Social Microeconomics[J]. Nat Res J, 1975, 15（4）: 729–747.

Rasband, J., Salzman, J., Squillace, M. Natural Resources Law &

Policy[M]. Los Angeles: Foundation Press, 2004.

Redman, C.L., Kuby, G.L.H. Integrating Social Science into the Long-Term Ecological Research (LTER) Network: Social Dimensions of Ecological Change & Ecological Dimensions of Social Change[J]. Ecosystems, 2004, 7 (2): 161-171.

Ribot, J.C., Peluso, N.L. A Theory of Access.[J]. Rural Sociology, 2003, 68 (2): 153-181.

Rio Tinto Alcan Weipa. Weipa 2012 Sustainable Development Report[R], 2012.

Robinson, B.E., Li, P., Hou, X. Institutional change in social-ecological systems: The evolution of grassland management in Inner Mongolia[J]. Global Environmental Change, 2017.

Ruddle, K. External forces & change in traditional community-based fishery management systems in the Asia-Pacific Region[J]. Maritime Anthropological Studies. 1993, 6 (1-2): 1-37.

Sayatham, M., Suhardiman, D. Hydropower resettlement & livelihood adaptation: The Nam Mang 3 project in Laos[J]. Water Resources & Rural Development, 2015, 5: 17-30.

Schlager, E., Ostrom, E. Property-Rights Regimes & Natural Resources: A Conceptual Analysis[J]. Land Economics, 1992, 68 (3): 249-262.

Schomers, S., & Matzdorf, B. Payments for ecosystem services: a review and comparison of developing and industrialized countries[J]. Ecosystem Services, 2013, 6: 16-30.

Scoones, I. Living with Uncertainty: New Directions in Pastoral Development in Africa[M]. London: Intermediate Technology Publications, 1995.

Sen, A.K. Poverty & Famines: An Essay on Entitlement & Deprivation[M]. Oxford: Oxford University Press, 1981.

Singer, J.W. Entitlement: The Paradoxes of Property[M]. New Haven: Yale University Press, 2000.

Smith, H.E. Property as the Law of Things[J]. Social Science Electronic Publishing, 2012, 125（7）: 1691–1726.

Söderholm, P., Svahn, N. Mining, regional development & benefit-sharing in developed countries [J]. Resources Policy, 2015, 45: 78–91.

Sprankling, J.G. Understanding property law[M]. LexisNexis/ Matthew Bender, 2008.

Stinson, J.D. Transferring Development Rights: Purpose, Problems, & Prospects in New York[J]. Pace L.rev, 1996, 17（1）: 319–357.

Storper, M. Society, community, and economic development[J]. Studies in Comparative International Development, 2005, 39（4）: 30–57.

Sven, W. The Efficiency of Payments for Environmental Services in Tropical Conservation[J]. Conservation Biology, 2007, 21（1）: 48–58.

Swedberg, R. Principles of economic sociology[M]. Princeton: Princeton University Press, 2003.

the Xilingol pasture, Inner Mongolia, China. Journal of Environmental Management, 2007, 85, 461 - 470.

Tiainen, H., Sairinen, R., Novikov, V. Mining in the Chatkal Valley in Kyrgyzstan−Challenge of social sustainability[J]. Resources Policy, 2014, 39（1）：80−87.

Tietenberg, T., Johnstone, N., Harrison, D., et al. Tradeable Permits：Policy Evaluation, Design & Reform. Complete Edition − Isbn 9264015027[J]. 2004：i−187.

Tietenberg, T., Thomas, H. Environmental & Natural Resource Economics−6th ed[M]. Beijing：Tsinghua University Press, 2005.

Tilton, J.E. Exhaustible resources & sustainable development：Two different paradigms[J]. Resources Policy, 2004, 22（1）：91−97.

Tomislav, V., Wossink, A. Envioment Policies & Agriculture Land Values Evidence from the Dutch Nutrient Quota System[J]. Land Economics, 2000, 76（3）：413−429.

Turner, M. The New Pastoral Development Paradigm：Engaging the Realities of Property Institutions & Livestock Mobility in Dryland Africa[J]. Society & Natural Resources, 2011, 24（5）：469−484.

Turner, S. Common property resources and the rural poor in Sub−Saharan Africa[J]. Economic & Political Weekly, 1995, 21.

Uzzi, B. Social structure & competition in interfirm networks：The paradox of embeddedness.[J]. Administrative Science Quarterly, 1997, 42（1）：35−67.

Vatn, A. An institutional analysis of payments for environmental services[J]. Ecological Economics, 2010, 69（6）：1245–1252.

Wheeler, D., Fabig, H., Boele, R. Paradoxes and Dilemmas for Stakeholder Responsive Firms in the Extractive Sector：Lessons from the Case of Shell and the Ogoni[J]. Journal of Business Ethics, 2002, 39（3）：297–318.

Wilgen, B.W., Le, M.D., Cowling, R.M. Ecosystem services, efficiency, sustainability & equity：South Africa's Working for Water programme.[J]. Trends in Ecology & Evolution, 1998, 13（9）：378.

Williams, A.M. The impact of surface coal mining on residential property values：a hedonic price analysis[J]. Pursuit–The Journal of Undergraduate Research at the University of Tennessee. 2011.

World Bank. Mining Foundations, Trusts & Funds[M]. Washington DC：World Bank. 2010.

World Economic Forum. Responsible Mineral Development Initiative 2013[R]. Geneva. 2013.

Xu, T. Property rights, governance and socio–economic transformation：The revival of private property and its limits in post–Mao China[J]. 2009.

Yin, R., Liu, T., Yao, S., Zhao, M. Designing & implementing payments for ecosystem services programs：lessons learned from china's cropland restoration experience[J]. Environmental Science & Technology, 2014, 48（1）, 66–72.

Yin, R., Zhao, M. Ecological restoration programs and payments for ecosystem services as integrated biophysical and socioeconomic processes——China's experience as an example[J]. Ecological

Economics, 2012, 73：56−65.

Zandvliet, L., Anderson, M.B. Getting it Right：Making Corporate−Community Relations Work[M]. Sheffield, Engl&：Greenleaf Publishing, 2009.

Zhang, B., Li, W.H., Xie, G.D. Ecosystem services research in China：progress and perspective[J]. Ecological Economics, 2010, 69（7）：1389−1395.

Zhen, L., Liu, X.L., Wei, Y.J., Yang, L., Long, X., Du, B.Z., Li, F., Cao, X.C. Consumption of ecosystem services：a conceptual framework and case study in Jinghe Watershed[J]. Journal of Resources & Ecology, 2011, 2（4）：298−306.